CONCILIUM

Revista internacional de Teología

195

EL HOLOCAUSTO JUDIO,
RETO PARA LA TEOLOGIA CRISTIANA

EDICIONES CRISTIANDAD
Madrid 1984

«Concilium» 1984: temas de los seis números

1.	DIVERSAS TEOLOGÍAS, RESPONSABILIDAD COMÚN. ¿BABEL O PENTECOSTÉS?	Enero
2.	LA ÉTICA ANTE EL DESAFÍO DE LA LIBERACIÓN	Marzo
3.	SEXUALIDAD, RELIGIÓN Y SOCIEDAD	Mayo
4.	TRANSMITIR LA FE A LA NUEVA GENERACIÓN	Julio
5.	EL HOLOCAUSTO JUDÍO, RETO PARA LA TEOLOGÍA CRISTIANA	Septiembre
6.	LA IGLESIA POPULAR: ENTRE EL TEMOR Y LA ESPERANZA	Noviembre

«Concilium» se publica en nueve idiomas: español, francés, alemán, inglés, italiano, holandés, portugués, polaco (parcial) y japonés (parcial).

Depósito legal: M. 1.399.—1965

COMITE DE DIRECCION DE CONCILIUM

PRESENTACION

Cuando la teología cristiana transforma su preocupación por la simple conciencia histórica, e incluso por la historicidad, en una preocupación por la historia concreta, se ve sorprendida por fenómenos tan escalofriantes como el del Holocausto judío.

Ya no podemos seguir considerando la «historia» en sentido lineal ni continuo y, menos todavía, en el sentido optimista de una evolución progresiva. En su interpretación teológica, la historia es concreta: nos referimos ahora al sufrimiento concreto de unas gentes sumergidas en el horror del Holocausto. Ante *tal* acontecimiento, la historia aparece, teológicamente, como una interrupción.

Si los teólogos nos ocupamos del tema del Holocausto, no es para explicarlo, sino para oponernos a él desde una perspectiva teológica. En el presente número de «Concilium» diversos teólogos y pensadores tratan de abordar este tema que no deja de constituir una interpelación también para ellos.

Como teólogos cristianos nos vemos obligados a dejar la primera palabra a nuestros colegas judíos, los pensadores Susan Shapiro y Arthur Cohen. Susan Shapiro nos ofrece importantes reflexiones hermenéuticas sobre los testimonios de este acontecimiento, mientras que Arthur Cohen, con su acostumbrada agudeza teológica, pone ante nosotros el patetismo encerrado en esta clase de situaciones.

En la sección segunda, el Holocausto es tratado desde la perspectiva teológica cristiana. Los diversos estudios presentan aspectos distintos del análisis teológico que hoy necesita la comunidad cristiana en su conjunto.

Los estudios bíblicos de la tercera sección ofrecen nuevas perspectivas para ulteriores análisis de este fenómeno de interrupción. Luise Schottroff demuestra que en la investigación neotestamentaria están en peligro los planteamientos exegéticos concretos; según ella, un somero estudio de la exégesis cristiana de Alemania en el tiempo de los horrores nazis nos sitúa ante la escalofriante realidad de que el antijudaísmo pudo prevalecer en la exégesis y la teología cristiana oficial.

En la sección cuarta se dirige la atención a las consecuencias de este fenómeno de interrupción en las diversas disciplinas. Mary Knutsen pone en evidencia que, después de un fenómeno como éste, se hace necesaria una ideología crítica tanto en filosofía como en teología.

Finalmente, los editores concluyen con unas importantes reflexiones teológicas que no se limitan al simple resumen de las principales líneas de fuerza de los precedentes estudios, sino que ponen de manifiesto algunas de las consecuencias que este fenómeno de interrupción tiene para la teología cristiana.

Estamos especialmente agradecidos a los autores de estos estudios del modo en que nos presentan el holocausto y de que hayan osado introducir la interrupción en el llamado «pensamiento usual», ya que se trata de una osadía absolutamente inevitable. Ellos han mostrado a toda la comunidad teológica algunas de las formas en que podemos afrontar este escalofriante horror. Cuando la teología se enfrenta con la historia concreta de nuestro tiempo (como lo hemos hecho en este número de nuestra revista), nos sitúa a todos ante la historia que debemos realmente afrontar. En una perspectiva teológica ya no cabe la simple linearidad, la pura continuidad, ni el optimismo de una evolución progresiva. La historia real y concreta debe ser vista como lo que es: interrupción.

E. SCHÜSSLER FIORENZA
D. TRACY

[Traducción: G. CANAL]

A LA ESCUCHA DEL TESTIMONIO DE LA NEGACION RADICAL

El Holocausto comenzó en 1933, hace más de cincuenta años. La destrucción de los judíos europeos terminó en 1945 con la «liberación» de los campos de concentración. Sin embargo, estos límites cronológicos no pueden abarcar un hecho cuyos efectos persisten en nuestras vidas.

Ese hecho no sólo ha marcado el curso posterior de la historia, sino que ha sacudido e incluso negado nuestras ideas sobre el mundo en que vivimos, sobre la naturaleza de lo humano y de lo divino. ¿Qué significa ser humano en un mundo que ejecutó semejante destrucción o la contempló pasivamente? ¿Cómo imaginar o concebir a un Dios que no salvó de semejantes circunstancias? ¿En qué lenguaje podemos expresar tales preguntas y a quién podemos dirigirlas? ¿Acaso ese hecho no ha roto, pulverizado hasta la coherencia del lenguaje y la continuidad de la tradición?

El Holocausto no sólo ha corrompido, y por tanto destrozado, los significados de las palabras concretas de los diversos idiomas, sino que ha negado la coherencia del significado del lenguaje en general y del lenguaje sobre Dios en particular. Tal ruptura en el lenguaje es la negación radical de nuestras ideas y concepciones sobre el sujeto humano, base de la coherencia misma del lenguaje. Además, tal ruptura en el discurso no se puede remediar recurriendo simplemente a un lenguaje intacto y asequible sobre Dios, pues el hecho en cuestión ha puesto en tela de juicio nuestras nociones básicas sobre un Dios justo y misericordioso. Así, pues, tanto el discurso en general como el lenguaje sobre Dios en particular han sido rotos, su coherencia machacada, su significado destruido.

Tres son las experiencias que han llevado a esta doble ruptura del lenguaje. La primera es el sentimiento, generalizado entre las víctimas del Holocausto, de haber sido abandonados por Dios. «Hundidos en el reino de la noche. Olvidados por Dios, abandonados por él, vivían solos, sufrían solos, luchaban solos» [1]. La se-

[1] E. Wiesel, *The Holocaust as Literary Inspiration,* en Lacey Baldwin Smith (ed.), *Dimensions of the Holocaust* (Evanston 1977) 7. Cf. otro im-

gunda es el decidido propósito de los nazis de deshumanizar por completo a sus víctimas antes de exterminarlas [2]. La tercera es el abandono prácticamente total a ese destino que sufrieron los judíos por parte del resto del mundo. «Solos. Esta es la palabra clave, el tema obsesionante. Solos, sin aliados, sin amigos, total y desesperadamente solos... El mundo lo supo y guardó silencio... La humanidad los dejó sufrir, agonizar y perecer solos. Sin embargo, no murieron solos, porque con ellos murió algo en todos nosotros» [3]. Estas tres dimensiones de la experiencia del Holocausto rompieron no sólo la relación entre Dios y la humanidad, relación necesaria para entender el lenguaje que se refiere o se dirige a Dios, sino también esas relaciones y funciones sociales primarias, como la amistad, la lealtad familiar e incluso el deseo de vivir, que sirven de base a todo discurso coherente. No sólo Dios fue colgado en el patíbulo con el muchacho de *La noche,* sino que en el Holocausto fue incinerada la idea misma de humanidad [4].

La ruptura del lenguaje es, pues, decisiva para el carácter radicalmente negativo del hecho, carácter que no puede entenderse como algo externo u ocasional con respecto al pensamiento. Por el contrario, constituye una negación ya presente en nuestro lenguaje, el auténtico instrumento del pensamiento. La ruptura no es simplemente cuestión de unas instituciones sistemáticamente distorsionadas que podrían ser criticadas y, por tanto, transformadas y corregidas desde el punto de vista ético [5]. En realidad, para esa tarea no cabe recurrir al lenguaje, el verdadero instrumento de crítica y recuperación: él mismo ha sido negado y quebrantado y necesita ser criticado y recuperado. Por tanto, todos, cristianos

portante punto de vista en E. Berkovits, *With God in Hell* (Nueva York 1979).

[2] Cf. Terrence Des Pres, *The Survivor: An Anatomy of Life in the Death Camps* (Nueva York 1976).

[3] E. Wiesel, *op. cit.,* 7.

[4] E. Wiesel, *Night* (Nueva York 1969) 76; íd., *A Plea for the Dead,* en *Legends of Our Time* (Nueva York 1982) 190.

[5] Cf. el término «distorsión sistemática» en la obra de Jürgen Habermas sobre teoría crítica: *Knowledge and Human Interests* (Boston 1971); *Theory and Practice* (Boston 1973); *Toward a Rational Society* (Boston 1970); *Legitimation Crisis* (Boston 1975); *Communication and the Evolution of Society* (Boston 1979).

y judíos (aunque de diferente manera), estamos implicados en esa ruptura del discurso. Hemos de aprender a escuchar el testimonio de la negación radical: negación en el lenguaje y del lenguaje. Porque lo que está en juego son nuestros conceptos de Dios y de lo humano. «Contemos historias para recordar cuán vulnerable es el hombre cuando se halla ante un mal aplastante. Contemos historias para evitar que el verdugo diga la última palabra. La última palabra corresponde a la víctima. Corresponde al testigo apoderarse de ella, darle forma y luego comunicar el secreto a otros» [6].

«Si los griegos inventaron la tragedia, los romanos la epístola y el Renacimiento el soneto —dice Elie Wiesel—, nuestra generación ha inventado una nueva literatura: la del testimonio». El impulso que llevaba a dar testimonio del Holocausto fue irresistible. A pesar de las más terribles circunstancias, surgieron escritos por doquier: en los campos de concentración, en los escondites, mientras se arrostraba una muerte inminente y segura. Gente de toda edad, incluso niños, a través de todas las formas de expresión, desde el diario y la crónica hasta la poesía y la pintura: todos se sintieron obligados a decir su palabra.

«Sólo para ti, querido lector, sigo aferrado a mi vida miserable, aunque ha perdido todo atractivo para mí. Una y otra vez me levanto en medio de la noche llorando sin consuelo. Me acosan fantasmas de muerte, espectros de niños, de niños pequeños. Nada más que niños. He sacrificado a los que me son más cercanos y queridos. Yo mismo los he llevado al lugar de ejecución. He construido para ellos cámaras de muerte. Y ahora soy un viejo sin hogar, sin techo sobre mi cabeza, sin familia, sin parientes. Hablo conmigo mismo. Respondo a mis propias preguntas. Soy un caminante. Camino con el sentimiento tatuado en mi rostro por todas mis experiencias. ¿Tengo aspecto de ser humano? Yo, que he visto la triste suerte de tres generaciones, debo seguir viviendo porque lo necesita el futuro. Alguien tiene que decir al mundo lo que ha sucedido» [7].

[6] E. Wiesel, *Art and Culture After the Holocaust,* en Eva Fleischner, *Auschwitz: Beginning of a New Era?* (Nueva York 1977) 403.

[7] De un relato autobiográfico de Y. Wiernak citado en E. Wiesel, *The Holocaust as Literary Inspiration,* op. cit., 14.

La necesidad de comunicarse de alguna manera, a través del abismo y con la mirada puesta en el futuro, movió a escribir en circunstancias de horror, desesperación y arrojo sobre lo que entonces sucedía. Aquellas personas escribían sin tregua, con pasión, a pesar de que el mundo no escuchaba y, en gran parte, no se preocupaba. A pesar de esa sordera civilizada, las víctimas escribían continua y obsesivamente, a menudo con un gran riesgo personal. Esa acuciante necesidad de dar testimonio de los horrores de la historia, esa valerosa voluntad de comunicar, de contar cada detalle y aspecto del hecho, constituye ya un testimonio que exige nuestra atención.

«Rabinos y eruditos, comerciantes y zapateros, gente anónima: todos actúan como historiadores, como testigos de la historia... Lo único que buscaban era ser recordados... Sus nombres, sus rostros, sus canciones, sus secretos. Su lucha y su muerte. Cosas a cuál más imponente. Cosas inolvidables. Cientos y miles de hombres y mujeres unidos en una misma intención, a menudo como autosacrificio, para conseguir que salga un mensajero y comunique un mensaje, siempre el mismo, al mundo de fuera. Que dé testimonio» [8].

¿Escuchamos hoy ese testimonio? ¿Hemos oído ya sus exigencias? Tristemente, trágicamente para todos nosotros, la respuesta a estas preguntas es claramente que no. Wiesel escribe: «Tras intentar hablar durante veinticinco años del tema, me siento obligado a confesar un sentimiento de frustración. El testimonio no ha sido escuchado. El mundo es el mundo... Nuestro testimonio no interesa» [9]. Añadamos unas palabras de la poetisa Nelly Sachs:

> «Pero en medio del hechizo
> clama, atónita, una voz:
> Mundo, ¿adónde vas jugando,
> haciendo trampas al tiempo?
> Mira, mundo, que los niños,
> como mariposas, queman
> sus alas entre las llamas.
> Y la tierra no es lanzada,

[8] E. Wiesel, *op. cit.,* 11, 16.
[9] E. Wiesel, *Art and Culture After the Holocaust,* op. cit., 405.

como manzana podrida,
al abismo del horror.
Y el sol y la luna siguen:
esos dos testigos bizcos
que no ven nada de nada» [10].

Si parte del carácter radicalmente negativo del Holocausto consistió en que, al parecer, Dios y el mundo entero abandonaron a las víctimas del mismo mientras el hecho tenía lugar, nosotros repetiremos esa radical negatividad si no escuchamos el testimonio de tales víctimas. Como dice Wiesel, «quien no contribuye activa y constantemente a recordar a otros es un cómplice del enemigo. Por el contrario, quien se opone al enemigo debe ponerse del lado de las víctimas y contar sus historias, historias de soledad y desesperación, de silencio y desafío» [11].

¿Por qué ese testimonio no ha sido todavía escuchado? ¿Por qué se ha hecho tan poca teología sobre el Holocausto, especialmente en las tradiciones cristianas? Una posible razón es que algunos no han reconocido que aquel hecho no fue un episodio local, sino un acontecimiento que destruye la coherencia de todo discurso y, en particular, del lenguaje teológico. Escuchar lo que el Holocausto nos quiere decir no es achicar nuestra atención, sino descubrir lo que en él se encierra de ruptura radical de todas nuestras ideas sobre lo humano y lo divino. Pero, además, hay que escucharlo en toda su particularidad, porque no se puede oír la voz del dolor en general. De hecho, siempre sufren individuos y grupos, y son sus voces concretas las que hemos de oír y a las que hemos de responder. En vez de hacernos sordos a las voces del dolor ajeno, el reconocer la peculiaridad del Holocausto permite escuchar las voces y las exigencias particulares del dolor de otros.

Para oír mejor la negatividad radical del Holocausto es muy importante considerar el testimonio de los poetas, porque ellos muestran la ruptura de la coherencia y la negación de todo sentido en el lenguaje. Debemos escuchar no sólo el contenido de su testi-

[10] N. Sachs, *When in Early Summer,* en *The Seeker and Other Poems* (Nueva York 1970) 147.

[11] E. Wiesel, *The Holocaust as Literary Inspiration,* op. cit., 16.

monio, sino también el lenguaje con que lo expresan. El lenguaje roto de los poetas del Holocausto es testimonio elocuente de la ruptura inherente al hecho: ruptura del lenguaje sobre Dios e incluso de la sintaxis del lenguaje humano de cada día.

Una segunda razón de que no se escuchen esas voces y sus exigencias es quizá que el testimonio se «escucha» desde el contexto inhospitalario de una teología o hermenéutica de la tradición que no ha experimentado rupturas. En realidad, si nuestras ideas sobre el significado y la coherencia del lenguaje son en principio incapaces de ruptura o negación, entonces no es posible percibir el testimonio de una negación radical.

¿Cómo podremos oír mejor ese testimonio, de modo que descubramos que nuestra reflexión está implicada en su negatividad radical? Debemos aprender de las luchas hermenéuticas de los mismos poetas y transformar nuestra teoría y nuestra práctica interpretativa en una hermenéutica de ruptura. Sólo así podremos percibir la radical pluralidad de las voces que dan testimonio del Holocausto. Sólo así comenzaremos a considerar las posibilidades de recuperación.

Veamos, en primer lugar, las antinomias hermenéuticas con que se encuentra todo poeta o novelista que intenta escribir sobre el Holocausto o en respuesta del mismo [12]. ¿Cómo es posible expresar o transmitir la experiencia de un hecho radicalmente negativo, que destruye las mismas convenciones del lenguaje y del discurso, sin emplear tales convenciones y domesticar con ello la negatividad radical? ¿Cómo es posible hablar sobre un hecho que niega y destruye nuestras ideas sobre el orden (incluyendo las relaciones sociales, las nociones sobre Dios, la manera de entender la tradición, la historia y el tiempo) en el discurso, cuya principal función es ordenar la experiencia humana? En esta aporía se encierra una traición, no con respecto al contenido del discurso o del lenguaje, sino al hecho de que hablar o escribir es necesariamente proyectar un futuro y, por tanto, poner un orden y distanciarse del hecho convirtiéndolo en pasado. Pero hay otro riesgo: la traición de guardar silencio sobre el Holocausto, de no hablar ni dar testimonio. No

[12] Estas antinomias se dan explícitamente, por ejemplo, en las obras de Paul Celan, Nelly Sachs y Elie Wiesel.

hablar del pasado es condenarlo al olvido histórico, pero hablar es correr el riesgo de someter su mensaje radicalmente negativo a un medio ordenador: el discurso.

Así, pues, un grave problema hermenéutico con que chocan quienes intentan escribir acerca del Holocausto (sobre todo, aunque no exclusivamente, quienes escriben en forma poética o literaria) es cómo evitar la subordinación del hecho a lo que se dice o escribe sobre él. Una estrategia hermenéutica empleada por varios poetas y novelistas ha sido «no escribir con palabras, sino en contra de las palabras» [13], para expresar así la imposibilidad de decir todo y con propiedad. Según esto, han intentado escribir oponiéndose a lo que escribían, escribir oponiéndose a sus limitaciones con desesperada esperanza, protesta y plegaria. Apresados en un mundo donde el lenguaje y la escritura estaban rotos, la ruptura se convertía en tema e instrumento del poeta.

> «Habla tú también,
> habla en último lugar,
> di tu propia palabra.
>
> Habla...
> Pero mantén el sí y el no.
> Y da sentido a lo que dices.
>
> Dale suficientes matices,
> tantos como los que existen
> entre el centro de la noche y del día» [14].

La correspondiente estrategia hermenéutica de narrar diciendo lo que no se puede decir del todo es una manera de hablar del Holocausto sin convertirlo en simple objeto de discurso ni someterlo a él. Se narra sólo en la medida en que se puede entender y articular en el discurso lo que es inasequible y distante. Wiesel ha señalado: «Sólo uno de mis libros, *La noche,* trata directamente del Holocausto; todos los demás muestran por qué no se puede hablar de él» [15].

[13] E. Wiesel, *The Holocaust as Literary Inspiration,* op. cit., 8.

[14] Paul Celan, *Speak, You Also,* en *Paul Celan: Poems* (Nueva York 1980) 85.

[15] Lily Edelman, *A Conversation with Elie Wiesel,* en Harry James Cargas (ed.), *Responses to Elie Wiesel* (Nueva York 1978) 18.

«Cuestión de palabras. ¿Qué tipo de palabras? También eso es una dificultad que el escritor ha de solucionar y superar. El lenguaje había sido corrompido hasta tal punto que ha tenido que ser reinventado y purificado. Esta vez hemos escrito no con palabras, sino en contra de las palabras. A menudo decimos menos, para que la verdad resulte más creíble. Si uno de nosotros hubiera contado toda la historia, lo habrían tenido por loco. Antaño el novelista y el poeta iban por delante de sus lectores. Ahora no. Antaño el artista podía prever el futuro. Ahora no. Ahora tiene que recordar el pasado, consciente de que lo que ha de decir no será nunca transmitido. A lo más que puede aspirar es a comunicar la imposibilidad de la comunicación» [16].

Supuesto el testimonio de esas luchas hermenéuticas con el lenguaje, ¿cómo podemos transformar nuestra teoría y nuestra práctica interpretativa de modo que reconozcamos el efecto radicalmente negativo del Holocausto sobre el lenguaje y, en consecuencia, representemos la huidiza relación del lenguaje con el hecho en el discurso? ¿Cómo podemos atender al testimonio de la negación radical si nuestras ideas sobre la naturaleza del lenguaje, la historia y el entendimiento son tales que nos impiden oír ese testimonio sin someter y reducir, por principio, su exigencia a las mismas ideas sobre el discurso? Sólo es posible entender el testimonio de la negación radical si se efectúa una reinterpretación sistemática de los supuestos hermenéuticos en términos de tal negación. Si el discurso crítico ha de ayudar en la interpretación del testimonio de negación radical, su funcionamiento debe ser reinterpretado como una hermenéutica de ruptura.

¿Cómo es posible llevar a cabo esta reinterpretación? Ante todo debemos reconocer que los lenguajes críticos con que pretendemos interpretar el testimonio participan de la exigencia radicalmente negativa que representa el discurso que ellos quieren interpretar. Así como el testimonio poético y teológico afirma la ruptura del lenguaje, así el lenguaje crítico que reconoce ese testimonio de negación radical en los documentos que interpreta reconoce también su inevitable implicación dentro de la hermenéutica de ruptura. Para abordar mejor la doble ruptura del lenguaje, el dis-

[16] E. Wiesel, *The Holocaust as Literary Inspiration,* op. cit., 8.

curso crítico debe negar internamente su propio funcionamiento o —mejor dicho— reconocer que ya ha sido negado por el mismo hecho que quiere interpretar.

Para entender mejor cómo es posible efectuar la negación interna del discurso crítico, fijémonos en el ejemplo de la hermenéutica filosófica de Hans-Georg Gadamer. Aun cuando intentemos escuchar el testimonio de la negación radical en el contexto de la teoría hermenéutica de este filósofo, subsiste una fuerte tendencia hacia la continuidad de la tradición y la afirmación de un significado dentro del auténtico *telos* de la «conciencia hermenéutica» que nos haría sordos a las exigencias de ese testimonio, a menos que el mismo *telos* fuera pasar por la negación. Recordemos la noción de «conciencia hermenéutica» en Gadamer, tal como aparece en su ensayo *Universalidad del problema hermenéutico:* «La fuerza real de la conciencia hermenéutica es nuestra capacidad para ver lo que es discutible... De hecho, hemos alcanzado ya el nivel fundamental que podemos llamar... "constitución lingüística del mundo". Se presenta como la conciencia que es producida por la historia... y que proporciona una sistematización inicial de todas nuestras posibilidades de conocimiento... La conciencia producida por la historia tiene su realización en lo que es lingüístico. Del lingüista sensible podremos aprender que el lenguaje, en su vida y manifestaciones, no debe entenderse como meramente cambiante, sino como algo que tiene una *teleología* que opera en él... [y esa teleología es] la manifestación de lo universal... que opera constantemente en la vida del lenguaje» [17].

Esta noción de Gadamer incluye tres momentos. El primero es la conciencia hermenéutica como «constitución lingüística del mundo». El segundo, que tal conciencia «es producida por la historia». El tercero y último, que «tiene su realización teleológica en lo que es lingüístico». Aunque estos tres momentos explican en principio el dinamismo de la conciencia hermenéutica como histórico, el papel central, fundamental y teleológico de lo lingüístico en esta conciencia aparta efectivamente la atención de los hechos históricos que pueden destruir sus supuestos y exigencias. En efecto, si el

[17] H.-G. Gadamer, *The Universality of the Hermeneutical Problem,* en *Philosophical Hermeneutics* (Berkeley 1976) 13s.

verdadero *telos* de la conciencia hermenéutica está siempre asegurado, ¿en qué sentido es producido por la historia? Es producido por la historia sólo en el sentido de «historicidad», y la historicidad está constituida más por la dimensión lingüística de la conciencia hermenéutica que por los hechos históricos efectivos. La teleología lingüística de la conciencia hermenéutica mantiene así su historicidad internamente protegida de los posibles efectos negativos de los hechos históricos. Las implicaciones de la insularidad de tal hermenéutica al abordar el hecho del Holocausto son serias, puesto que reducen la comprensión histórica a una cuestión de historicidad, empobreciendo por principio el testimonio de la negación radical.

Si la «conciencia hermenéutica» de Gadamer ha de pasar por una negación interna para transformarse en una hermenéutica de ruptura, entonces hay que proceder a una suspensión del funcionamiento aislado de la historicidad para prestar mayor atención al testimonio de los hechos históricos. Si queremos escuchar el testimonio de la negación radical, hay que suspender y negar internamente la teleología que privilegia las funciones ordenadoras del lenguaje dentro de la conciencia hermenéutica sobre las pretensiones de los hechos históricos concretos. Esta suspensión interna del *telos* dentro de la historicidad supondría, para una teoría hermenéutica como la de Gadamer, una reinterpretación de las relaciones constitutivas entre historia e historicidad, cambiando, al menos inicialmente, su orden de prioridad en la dialéctica de la tradición. Si la conciencia hermenéutica ha de producirse realmente en la historia, entonces la dialéctica de la tradición debe radicalizarse, abriéndose al testimonio de los hechos radicalmente negativos. De lo contrario, la conciencia hermenéutica permanecerá aislada en la historicidad, pero nunca se elevará a una dimensión histórica. La historicidad, interpretada de este modo, resultará vulnerable a las exigencias de los hechos históricos, incluido el testimonio de la negación radical.

Supuesta esa transformación de la historicidad en términos de una negación interna de su *telos* para atender a las exigencias de los hechos históricos, ¿cómo es posible construir o fundar una hermenéutica que sitúe su propio funcionamiento en términos de la negatividad radical del hecho del Holocausto sin sucumbir necesariamente a esta negatividad? Y, viceversa, ¿cómo es posible que una hermenéutica permita una recuperación sin reducir esta negatividad? Para ello se requiere una hermenéutica de la tradición que no reduzca por principio la negatividad radical del hecho y, por otra parte, no cierre la posibilidad de recuperación. Sin embargo, esto último no significa una garantía de recuperación, pues con ello se reduciría la negatividad radical del hecho. Por tanto, los fundamentos hermenéuticos de la recuperación de lo sagrado van necesariamente unidos a una auténtica confrontación del carácter radicalmente negativo del hecho. A mi entender, esa recuperación de lo sagrado es posible mediante una noción dialéctica de la hermenéutica del testimonio que incluya el testimonio de la negación radical y de la posibilidad de afirmación.

Veamos en el Talmud de Babilonia (*Yoma* 68b-69b) cómo la tradición judía tiene en cuenta la hermenéutica de la negación y la recuperación. En este debate resulta evidente que, después de la destrucción del primer templo, Daniel y Jeremías [18] dejaron de aplicar a Dios los adjetivos que denotaban su poder y carácter terrible. ¿Cómo, preguntan los rabinos en *Yoma,* estuvieron aquellos antiguos maestros (se alude a Daniel y Jeremías) autorizados a hacerlo? ¿No fue tal supresión algo prohibido y blasfemo? La respuesta de *Yoma* es que ellos estaban obligados a dar testimonio de la verdad tal como ellos mismos, en su generación y en su época histórica, la veían y experimentaban, porque Dios es un Dios vivo y los rabinos deben dar testimonio de ello [19]. Pero entonces, ¿cómo pudieron otros maestros posteriores, como Esdras, cambiar la norma de los anteriores volviendo a utilizar precisamente los adjetivos que habían sido suprimidos? Esta «restauración de la corona de los divinos atributos a su antigua plenitud» se explica también en

[18] En su oración (Dn 9,4ss), Daniel omite la palabra «poderoso» después de decir (según *Yoma* 69b) con respecto a la destrucción del primer templo: «Los extranjeros esclavizan a los hijos de Dios. ¿Dónde están sus poderosas acciones?» Jeremías (según *Yoma* 69b) dijo: «Los extranjeros destruyen (o celebran orgías) en su templo. ¿Dónde están, pues, sus terribles acciones?» Según *Yoma* 69b, este profeta omitió el atributo «terrible» en su plegaria (Jr 32,17s). Así fueron omitidos dos de los tres atributos divinos de que da fe Moisés en Dt 10,17, cuando dice: «El Dios grande, poderoso y terrible».

[19] *Yoma,* citando a Rabí Eleazar, dice: «Como ellos sabían que el Santo, bendito sea, insiste en la verdad, no le iban a atribuir [cosas] falsas».

Yoma 69b[20]. ¿No fueron suprimidos al dar testimonio de la verdad? Los que vivieron mucho después de la destrucción del primer templo, y en la época de la construcción del segundo, quizá vieron la verdad de distinta manera y así pudieron restablecer, al dar testimonio de la verdad de su momento histórico, los adjetivos de la majestad de Dios que habían sido suprimidos.

No obstante, se nos plantea la pregunta de si eso no nos habla de Dios con un lenguaje extraño e históricamente relativizado. Podemos responder que el mismo documento de *Yoma,* por el hecho de contener esos testimonios diversos y aparentemente contradictorios, nos ofrece el ejemplo y la exigencia de un testimonio radical en el propio momento histórico en atención a la verdad como necesidad histórica y hermenéutica. Ese múltiple testimonio se contiene, aunque no conciliado, en los documentos clásicos de la tradición y es reto a la vez que testimonio. Un testimonio de la presencia radical de Dios en la historia y un reto dirigido a nosotros a fin de que confrontemos esa realidad y demos testimonio de ella en nuestro tiempo.

S. SHAPIRO

[Traducción: A. DE LA FUENTE]

[20] Refiriéndose al relato de Nehemías (Neh 8,6; 9,4.32) sobre la plegaria de Esdras, *Yoma* 69b interpreta que Esdras «magnifica a Dios pronunciando su nombre inefable» («Esdras bendijo al Señor, el Dios grande», Neh 8,6) o que le glorifica con sus tres atributos («el Dios grande, poderoso y terrible», Neh 9,32). En este último sentido, la asamblea de Esdras es designada como «los hombres del gran sínodo... porque restablecieron la corona de los divinos atributos a su antigua plenitud». Es decir, Esdras restableció la alabanza del Señor al alabarle de nuevo con los atributos que Daniel y Jeremías habían omitido.

LO «TREMENDUM» DE LOS JUDIOS COMO FENOMENO DE NUESTRA EPOCA

Es difícil esperar que el cristianismo, comprometido en la gigantesca tarea de su propia redefinición y reconstrucción, dedique seriamente algún tiempo a reflexionar lo que supone el fenómeno de la reaparición de lo judío y del judaísmo en la historia. Los judíos y el judaísmo no ocuparon un lugar de importancia en la agenda histórica del cristianismo desde que hace mucho tiempo éste decidió saldar su vieja cuenta con el pueblo judío humillándolo y relegándolo al olvido. El antijudaísmo de la Iglesia llegó a formar parte de su propio hálito histórico hasta tal punto que pedirle cuentas, someter sus determinaciones a revisión crítica, proponer métodos de investigación con que poder demostrar que las raíces del pensamiento y de la sensibilidad, que casi dos milenios más tarde conducirían al Holocausto, se remontan a la tradición clásica de los evangelios y Padres de la Iglesia, resulta tan engañoso e irresponsable como suponer que equivaldría a exigir que la Iglesia deje de existir. O, más concretamente, ¿cómo pueden afirmar los teólogos judíos, conocedores de la Iglesia, que esa Iglesia viva se equivocó en la historia, cuando hace dos milenios ya estaba decidido que esos mismos judíos fueran ignorados y rechazados? ¿Cómo puede lo que ha sido «invalidado» o declarado «falso» sobrevivir para hablar y denunciar? Sin embargo, éste es el caso. El pueblo judío es, para el cristianismo tradicional, tan culpable e impenitente como la Iglesia, para el judaísmo, es la manifestación por excelencia del odio del mundo al judaísmo [1].

Pero, aunque describamos el panorama histórico de las religiones clásicas de Occidente, no habremos dicho nada que explique lo ocurrido en nuestro terrorífico siglo. Se alude a viejos condicionamientos, se insiste en deformaciones arquetípicas, pero todo esto

[1] Véase *The Myth of the Judeo-Christian Tradition* (Nueva York 1970); uno de cuyos temas centrales consiste en trazar las líneas fundamentales de la enemistad teológica judeo-cristiana. Al describir la fenomenología de la enemistad teológica no pretendo hacerlo con espíritu de confrontación, sino como un modo indispensable de decir la verdad.

habría sido cierto mucho antes del advenimiento del nacional-socialismo y su lucha contra los judíos y la Unión Soviética y la lucha de ésta contra los mismos judíos. Algo le ocurrió al pueblo judío, algo único en los anales de la brutalidad humana: fue especialmente destinado al exterminio. No hubo lugar para razones que pudieran cambiar el curso de los acontecimientos; ni para excepciones de profesiones o clases sociales, ni para una selectividad ideológica. Todos los judíos —cualquiera que tuviera una gota de sangre judía —tenían que ser exterminados. Esta ideología de «idealismo» extremo —como Adolfo Eichmann denominó su misión en Jerusalén— no toleraba ninguna excepción. Había que liquidar lo judío como tal, en cualquiera de sus manifestaciones. El carácter absoluto y total del genocidio lo hace tan extraordinariamente siniestro que supera toda capacidad de comprensión racional, y el mismo hecho de desbordar la capacidad racional humana, de llevar hasta el extremo la crueldad, de sobrepasar todas las reglas de la razón histórica convencional, es lo que me ha impulsado a utilizar el término *tremendum* para describirlo [2].

Es sabido que el primero que empleó el término *tremendum* fue el fenomenólogo de la religión Rudolf Otto (1869-1937) para poner de relieve el aspecto de grandiosa inmensidad, acompañada de terror y fascinación, con que Dios se presentaba a los hombres de los tiempos bíblicos. El Dios de la Escritura existía mucho antes de que el imperio de la razón hubiera comenzado el proceso de atar al Señor con las cadenas de la reflexión y el juicio. Ese Dios —el más antiguo de todos los seres— era percibido bajo aspectos tan diversos y complejos, tan emparentados con la tragedia y el *pathos* de la mitología, tan marcado con rasgos de poder y majestad sin límites, que podía considerarse como *tremendum,* majestuoso, monstruoso, siniestro, fascinante, pavoroso y horrendo, en una palabra: santo. Lo santo como *tremendum* consistía precisamente en esa composición de poder positivo y negativo que conviene al dueño y señor de un universo antiguo.

[2] *The Tremendum: A Theological Interpretation of the Holocaust* (Nueva York 1981) constituye un breve libro en el que, después de examinar lo *tremendum* como categoría fenomenológica y epistemológica para comprender la historia, emprendo la tarea de reconstruir la teología judía clásica a la luz tenebrosa de lo *tremendum.*

¿Cómo hablar del Holocausto de los judíos en nuestro siglo —y del último Holocausto del planeta preanunciado por el Holocausto judío— con categorías de *tremendum* si con este término lo que se pretende significar es la impenetrable inmensidad de Dios? ¿Es lo *tremendum* una simple metáfora, un recurso literario, un término cuyo poder significativo estriba más en su utilidad metodológica que en su realidad sustancial? Creo que no. Considero lo *tremendum* maligno de nuestro siglo como indicador absoluto de los límites del arte y libertad humanos, como una inversión de lo divino, como una «subscendencia» demoníaca, contravalor de la trascendencia divina. Si lo *tremendum* divino se mide por la distancia del abismo entre Dios y el hombre, entre la realidad de Dios y la teología del hombre, la presencia de Dios y la adoración del hombre, el futuro de Dios y el presente histórico del hombre, lo *tremendum* humano se mide por la «subscendencia» del abismo entre la corrupción y la libertad del hombre, sus actos y su ética, su ideología y su fe, entre el hombre como es y como fue creado. El Dios que se dio a sí mismo en la creación e interpretó su naturaleza en la revelación se ve aquí opuesto al hombre exorbitado que, en una época rebelde, ha llegado hasta las fronteras de su naturaleza y ha demostrado al mundo cómo la primera creación pudo ser mutilada con la matanza del pueblo judío y podría llegar a la total aniquilación del género humano.

El pueblo judío es, en nuestro siglo, el ejemplo primero y único de la posibilidad demoníaca de una libertad humana radical, desgajada de todo control trascendente, deshumanizadora e indiferente a todas las Iglesias y a sus débiles protestas, insensible a todo reto e imposición ética y teología. Poco importa que en nuestros tiempos modernos se aprecie todavía a la Iglesia y la Sinagoga, a los fieles practicantes y a los creyentes. A pesar de esto, nos hallamos en un mundo en el que Dios no se manifiesta en las asambleas ni en las deliberaciones de sus dirigentes. Lo que domina el Occidente no es el paganismo, sino el ateísmo, y lo *tremendum* demoníaco no sólo se ha hecho posible, sino inevitable. Los judíos fueron la víctima elegida. Sólo ellos, entre todos los pueblos del mundo, parecían a propósito para transcribir el mensaje del ateísmo dominante, un ateísmo que redujo al silencio la fe cristiana de las potestades y denominaciones paganas y redujo a las Iglesias más fuertes de Occidente a la búsqueda de componendas, estrategias y soluciones interesadas.

I

Ahora vivimos las secuelas del *tremendum* demoníaco con seis millones de judíos muertos. Pero el ideal de aquella aventura no se llevó a cabo del todo. Han sobrevivido millones, se ha fundado un Estado de supervivientes, a los que se han sumado otros; pero, en las décadas transcurridas desde que aparecieron los esqueletos en los campos de la muerte, el Occidente cristiano ha vuelto su atención a otros asuntos. Una vez más los cristianos del Tercer Mundo han podido considerar a los judíos como simples agentes del capitalismo imperialista, enemigos del proletariado y de las clases deprimidas, conspiradores de naciones aventureras que buscan la esclavitud de sociedades pobres y resignadas. Los teólogos del Tercer Mundo creen hacer honor a los suyos identificando una vez más a los judíos con el secreto adversario de sus anhelos de pan y libertad. Los judíos, afirman, son unos individuos materialistas, insensibles a los valores espirituales, vinculados a una gran potencia expansionista, entregados también al expolio en su propio beneficio. Y, para ironía de esta retórica política, el antisemitismo del Tercer Mundo empalma con el antisemitismo soviético y recapitulan la retórica programática de los antisemitas prefascistas que hacían de los judíos un producto tanto del capitalismo como del comunismo. Los judíos han sobrevivido a duras penas a ese antisemitismo. No existen argumentos eficaces contra tal veneno y odio. No basta apelar a las virtudes cristianas ni recordar las consecuencias históricas de tan perversa doctrina.

Por mi parte, propongo recurrir a la teología, el único camino adecuado y necesario para hacer frente al resurgimiento de un antisemitismo que se empeña en considerar lo *tremendum* de este siglo como si se tratara de un problema de relevancia exclusiva para la historia de Occidente. El argumento propuesto por los teólogos del Tercer Mundo (las naciones de América Latina, algunos portavoces e intérpretes de las necesidades y sentimientos del Africa negra y algunos teólogos de las comunidades cristianas del

Oriente Medio y de Asia) es que los avatares e infortunios del cristianismo occidental no pueden imponerse como paradigmáticos a las comunidades cristianas no occidentales. El argumento parece querer significar que la experiencia de Occidente es, por su idiosincrasia, exclusiva y específicamente occidental, con escasa referencia teológica, sentido e importancia para esas Iglesias cristianas cuyos sentimientos, normas de moralidad y contextos históricos tienen otros condicionantes. Es indudable que las realidades políticas y económicas de las naciones son diferentes y cambian con las condiciones de sus habitantes, su educación, sus recursos, distribución económica y sistema político. Pero se trata de realidades sociales, económicas y políticas que sólo adquieren carácter religioso cuando se las extrapola y refuerza mediante una interpretación espiritualizante de su significado. Los clérigos y laicos de las Iglesias cristianas pueden intensificar ciertamente el compromiso y la exigencia de su ministerio transformando los hechos brutales de su entorno a la luz de los imperativos de la moral cristiana y de la esperanza escatológica, pero con ello no realizan una transformación teológica del contexto. No descubren ninguna clase de hermenéutica nueva capaz de recuperar la vocación cristiana. A lo sumo, acertada o erróneamente, lo que hacen es una lectura religiosa de las espantosas condiciones económicas y sociales a que se ven encadenados por su servicio y trabajo.

Esto significa considerar lo *tremendum* del pueblo judío como un mero episodio de Occidente, como una aberración de la historia occidental, equiparable por su estructura o naturaleza a cualquier otra deformación episódica de esa historia, cuyas consecuencias habrían de pagar —si no a los judíos— los negros de Africa, los vilipendiados musulmanes o los subdesarrollados latinoamericanos. En esta psicología de desplazamiento, los judíos vienen a ser como los antiguos esclavos negros víctimas serviles de la perfidia y el imperialismo occidental. Al rechazar cualquier implicación en el problema y enigma que plantea el Holocausto del pueblo judío, los responsables cristianos no occidentales parecen decir dos cosas: que el exterminio de los judíos es un fenómeno político y social sin consecuencias ni alcance teológico para el conjunto del cristianismo (ya que los cristianos del Tercer Mundo no tuvieron parte en él) y también que el exterminio del pueblo judío es un acontecimiento histórico, natural, que no apunta a nada, ni significa nada, ni entraña nada para el futuro. Después de cuarenta años, lo *tremendum* está llamado a ser un epifenómeno de la historia del mundo, una cesura histórica ya concluida, aberrante, pero sin repercusiones ni implicaciones kairológicas.

Tales argumentos, por adecuados que sean desde un punto de vista existencial, niegan las dimensiones críticas de toda realidad histórica: su implicación ontológica y su referencia teológica. Si lo *tremendum* del pueblo judío pertenece en términos generales al mundo occidental, y muy particularmente al brutal conflicto de alemanes y judíos, ¿qué parte de la historia es susceptible de revestir significación teológica? Si el primer pueblo de Dios, los herederos de la antigua alianza, los descendientes étnicos de los primeros cristianos, si la historia de este pueblo no tiene relevancia alguna para la Iglesia cristiana en su totalidad, ¿qué historia habla entonces a los cristianos?

La historia no es metáfora, y de la historia no se puede salir. En el mundo reducido en que vivimos cada parte de la población del globo tiene que ver con las demás, el sufrimiento de una nación es consecuencia de la prosperidad de otra. Imaginar que las catástrofes de la historia afectan sólo a los protagonistas concretos equivale no sólo a falsificar la lectura de las escalas y medidas de la historia, sino a negar todo interés de Dios por esa historia y la posibilidad de atribuir al hombre en general responsabilidad y culpabilidad. En efecto, si lo *tremendum* fuera únicamente incumbencia de las Iglesias de Occidente y una calamidad sufrida por el pequeño resto del pueblo judío que sobrevivió, ¿cómo llamar la atención sobre el desastre moral de cualquier otra brutalidad que pueda darse entre naciones, ya se trate de Biafra, Uganda, El Salvador, Sudáfrica, Sri Lanka o Afganistán? ¿Qué paradigma utilizaremos para hablar contra las torturas perpetradas en cada nación, y movilizar las conciencias contra las depredaciones esporádicas, las crueldades, las injusticias y torturas selectivas, si las Iglesias cristianas (en virtud de la unidad en el Espíritu Santo) no pueden reconocer —al margen de su condición en el cuerpo de Cristo— que la agonía del pueblo judío en este siglo fue una traición a la fe y a la esperanza cristiana que pesa sobre los cristianos?

La concepción de algunos dirigentes cristianos de las naciones esclavizadas del Tercer Mundo, según la cual lo *tremendum* del pueblo judío no les afecta en su historia, es más que un ataque a los fundamentos de su propia visión mesiánica nacional; se desligan a sí mismos y a sus comunidades cristianas nacionales del vínculo que los une a la ecumenicidad de la Iglesia universal, a la sensibilidad ética del mundo del que esperan socorro y liberación, y, por supuesto, a la caridad y afecto naturales que promueven e impulsan la ayuda y solidaridad en favor de su causa.

II

Sin embargo, al margen del recurso a los aspectos morales del problema, negar que lo *tremendum* de los judíos ocupe un lugar único en la historia del cristianismo de este siglo equivaldría a retroceder a los tiempos de la deformación marcionita del cristianismo primitivo que fomentó y elaboró el triunfalismo y la actitud que desembocó en la destrucción de los judíos [3]. El rechazo de Marción se debió sustancialmente al hecho de que su doctrina, si hubiera triunfado, habría conducido en pocas generaciones a la devastación de la Iglesia primitiva, principalmente porque Marción exigía que los cristianos anticiparan la parusía mediante la autonegación ascética y la total abstinencia sexual. El hecho de que su ética social se fundara teológicamente en un exagerado rechazo del Dios creador de las Escrituras hebreas (al cual consideraba responsable del mundo irredento de las tinieblas), punto en que se polarizaba la salvación según Jesucristo, mantuvo el vínculo dialéctico entre la alianza de los judíos y la Iglesia de Cristo.

Pero esto no significa, como piensan algunos intérpretes, que la excomunión de Marción fuera una confirmación de la fidelidad de la Iglesia a las Escrituras hebreas y su revelación. Por el contrario, el mismo conjunto de hechos podría interpretarse como el elemento necesario para mantener la supresión del sustrato judío de

[3] Mi conferencia *The Holocaust and Christian Theology: An Interpretation of the Problem,* pronunciada bajo los auspicios de The Historical Society of Israel (Jerusalén 1982) y publicada en su volumen de actas *Judaism and Christianity under the Impact of National Socialism (1919-1945),* explica esta tesis con más detalles.

la fe cristiana. Aunque el Dios de Israel hubiera sido borrado de la vida teológica de la Iglesia, los judíos habrían podido perfectamente sobrevivir hasta nuestros días indemnes de la cólera constante del cristianismo histórico. Desde el punto de vista judío, la presencia y la función que los judíos han seguido desempeñando en el drama de la salvación cristiana, aunque suavizada por el lenguaje adoptado por el Concilio Vaticano II, es una función construida e ideada para humillar a los judíos. Se puede afirmar (y yo lo he defendido en otro lugar sin que se me haya refutado[4]) que las condiciones psicológicas y emocionales para la deformación marcionita de la Biblia hebrea y de su Dios fueron anticipadas por los evangelios, y luego renovadas y ampliadas por Marción, condenadas por razones que tienen poco que ver con la sensibilidad cristiana hacia la humillación de los judíos, restauradas y superadas por los sectores antijudíos más poderosos de la investigación bíblica de los cristianos alemanes durante el último siglo. Todo esto favoreció una fuerte corriente histórica que desembocó en Auschwitz.

III

Sin embargo, una vez establecido el criterio de la interpretación histórica, cuando cristianos y judíos se sitúan de nuevo ante el Dios uno y único, ¿es este Dios el mismo ahora que entonces, antes de lo *tremendum* de este siglo? ¿No es posible imaginar que el Dios de perfecciones exquisitas —omnisciente, omnipotente, providente, misericordioso y justo— surja intacto del caos de nuestro *tremendum* humano? Ciertamente, Dios es siempre en sí mismo; es siempre intangible en su ser, pero su vida efectiva, de la que recibimos la revelación e instrucción, no puede pasar por 1945 incólume e intacta.

Si bien un acontecimiento de cesura histórica, la «interrupción» (de que habla Johann Baptist Metz), nos obliga a revisar nuestra concepción de la naturaleza de los actos de Dios, esto no significa que debamos definir de nuevo la naturaleza de Dios. La naturaleza de Dios permanece siempre cerrada a nuestra investiga-

[4] *Ibid.*

ción, lo mismo que la intimidad de cualquier otro ser: las profundidades divinas son recónditas e inaccesibles. Sin embargo, el judaísmo entiende la naturaleza de Dios de acuerdo con los dones de la revelación. Esta revelación, contenida en las Escrituras elaborada y expresada litúrgicamente en la oración y la práctica religiosa de los judíos, refleja un sentido de la divinidad que inmediatamente —en el acto mismo de la escucha de las multitudes reunidas en el Sinaí— empieza a ser interpretación. Todo lo que conocemos de Dios a través de nuestra tradición sagrada y escrita no es otra cosa que la escucha de la palabra revelada y puesta luego por escrito. En esa palabra revelada, Dios se oculta tan profundamente como se revela, escondido en el cúmulo inmenso de su realidad personal, secreto en las profundidades de su ser y de sus intenciones para con la creación.

Durante siglos el judaísmo se esforzó por hacer de ese cuerpo de revelación un *objectivum,* y de la tradición judía su manifestación auténtica y fiable. Aun cuando ese fideísmo literal había sido minado por la Ilustración y la emancipación, violentado por el reto de la modernización y la aculturación (cuando tales supuestos habían llegado a debilitar el consenso teológico del cristianismo), hasta que no se produjo lo *tremendum* no se vio en qué había parado el edificio del monarquismo teológico: en una estructura arcaica de interpretación que abandonó al Dios de la historia por sospechoso o por irrelevante. El Dios del rescate y de la redención ni rescató ni redimió. El rechazo retórico del Dios que calla no revela tanto el fracaso de Dios cuanto el fracaso del lenguaje religioso, un lenguaje encerrado en una comprensión casi infantil de las relaciones de Dios con el hombre.

La tarea de la teología después de lo *tremendum* no consiste —debemos subrayarlo— en comprender lo *tremendum,* explicarlo y asimilarlo. Lo *tremendum* constituye una cesura, una interrupción y ruptura radical en el desarrollo continuo del nexo divino-humano que va desde la creación hasta la redención. Lo *tremendum* es una advertencia final, pero no divina. Como concentración ontológica del mal, lo *tremendum* es una profundización del abismo que se abre a los pies de las criaturas libres. Es el aviso que la humanidad se da a sí misma. Pero indica también el fin de la teología convencional de atributos y clasificaciones. Cuando en nuestro siglo se produjo lo *tremendum,* los presupuestos de la teología clásica ya habían pasado por la prueba de fuego de la crítica filosófica radical que ponía en duda su validez y desvirtuó su eficacia. El postulado de un Dios absoluto y monárquico, cuyas relaciones con la creación eran en el mejor de los casos formales y externas, únicamente podía conciliarse con las evocaciones litúrgicas de un Dios justo, misericordioso y amoroso, recurriendo precipitadamente al misterio (los misterios bíblicos de la revelación, las digresiones fenomenológicas sobre los atributos divinos, las exaltaciones retóricas del temor y del prodigio). El Dios del teísmo clásico, que no es producto de sus criaturas ni se ve afectado por las pruebas y arrebatos de la vida creada y de su historia, había desaparecido finalmente bajo los repliegues del misterio, donde la razón no puede explicar coherentemente la relatividad implícita en la relación de Dios con la creación ni la fe convencernos de la lejanía e impasibilidad que el carácter absoluto de Dios exigía.

Lo *tremendum* obliga a buscar una solución a este conflicto no sólo porque la razón se vea obligada a dar una explicación plausible de que haya acontecido en un universo modelado por un soberano presuntamente todopoderoso, omnisciente y providencial, sino también porque nuestra humanidad (como criaturas sin perfecciones dadas de antemano) está obligada a dar explicación del por qué de lo *tremendum* en nuestro mundo para justificar y redimir, si ello fuera posible, el sufrimiento infinito de sus víctimas y el delito intolerable de la historia que lo perpetró. Se trata precisamente de que estamos obligados a explicar la realidad de Dios después de lo *tremendum.* La tarea exige (además del trabajo de una teología constructiva que clarifique y explique la naturaleza de Dios y su relación con la historia) traducir tal lenguaje constructivo a unos términos que renueven el significado de la creación y certifiquen, más que los anhelos de liberación de este siglo, la promesa de redención.

A. COHEN

[Traducción: J. J. DEL MORAL]

LA INTERRUPCION DE LOS OLVIDADOS

I. EL SUJETO HUMANO QUE SUFRE LA HISTORIA

En la literatura sobre el Holocausto aparecen dos imágenes del sujeto humano: una es la del sujeto en cuanto agente «libre» y racional que controla, domina y dirige la historia. La otra es la del que sufre la historia para poder sobrevivir. De esta manera se alejan las dos concepciones tradicionales sobre el sujeto humano: como agente y como paciente. Uno es el agente absoluto: el guardia nazi con poder de vida y muerte; el otro, el paciente absoluto: la destrucción o la supervivencia depende de un capricho que escapa a su control. La fascinación de Occidente por una antropología basada en la historia llega a un punto trágico: por una parte, el sujeto humano controla cruelmente la historia; por otra, el sujeto humano padece totalmente la historia.

Esta trayectoria occidental del sujeto humano por la historia se revela también en las teologías latinoamericanas de la liberación. Sus teólogos, que intentan ser la voz de los sin voz, presentan también una antropología de toda una clase de personas sin la libertad de acción que caracteriza la modernidad y sin posibilidad ni capacidad necesarias para hacer historia e interpretarla. Estas personas, los pobres de este mundo, viven en la periferia de la historia. Existen, en expresión de Gustavo Gutiérrez, como «no personas» [1]. Los pobres no son controladores autónomos de la historia, sino toda una clase que existe con su propia identidad y en conflicto con los protagonistas de la historia. Los teólogos latinoamericanos de la liberación y los autores que hablan del Holocausto señalan una realidad de nuestro mundo que no se puede negar ni olvidar: la de sufrimientos intensos masivos.

Estos sufrimientos destruyen la historia en nuestro mundo. Es difícil olvidar la arbitraria destrucción de millones de personas en

[1] Gustavo Gutiérrez, *La irrupción de los pobres y las comunidades cristianas de base,* en Sergio Torres y John Eagleson (eds.), *Teología de las Américas* (Salamanca 1980).

nuestro siglo y más difícil todavía recordarla. El llanto de los hambrientos, los gritos de los presos políticos y las plegarias silenciosas de los oprimidos interrumpen la existencia cotidiana. No es posible ver en el sufrimiento un acontecimiento puramente personal, interpretable a partir de las aspiraciones individuales de autenticidad y sentido. Ahora lo reconocemos como un hecho general y político, una empresa colectiva que interrumpe toda interpretación, pero exige una constante transformación e interpretación de la situación humana. Este sufrimiento histórico es radicalmente injusto. No es natural, como la enfermedad, los terremotos o las malas cosechas, sino histórico, causado por la humanidad [2]. Si el sufrimiento natural hizo que se planteara el problema de la teodicea, pues se suponía la justicia y bondad de una existencia llamada Dios, el sufrimiento histórico plantea el problema del sujeto y de la posibilidad de significado y valor en la historia.

Las grandes diferencias entre las teologías de la liberación y la literatura sobre el Holocausto constituyen un paralelo con las diferencias existentes entre los hechos relacionados con los pobres de Latinoamérica y el Holocausto. La teología de la liberación surge de una relación histórica de conquista y conversión por los cristianos y en el contexto del mito occidental del desarrollo. La literatura sobre el Holocausto tiene su origen en la persecución histórica de los judíos por los cristianos y en un período específico de secularización, industrialización y guerra (la segunda guerra mundial). La teología de la liberación habla en nombre de una clase de personas; la literatura del Holocausto es testimonio de la destrucción y supervivencia de una raza perseguida. Esta literatura revela los horrores del exterminio; la teología de la liberación revela los terrores de un genocidio en masa. No se pueden pasar por alto estas diferencias. La teología de la liberación y la literatura sobre el Holocausto exigen la aceptación, con todo detalle y con toda su fuerza, de las peculiaridades de cada hecho.

Ambas corrientes de pensamiento tienen en común una relación que sólo se da en los escritos religiosos de Occidente. Ambas interrumpen la actividad en el discurrir normal del cristianismo y

[2] Matthew L. Lamb, *Solidarity with Victims: Toward a Theology of Social Transformation* (Nueva York 1982) 2-7.

la reflexión sobre la misma. Podemos afirmar que ambas crean un nuevo espacio teológico, que impone una transformación del cristianismo y una reconceptualización de la teología cristiana. Ambas están de acuerdo en un presupuesto básico: el desafío a la acción y al pensamiento contemporáneos es el desafío del sufrimiento en masa. El cristianismo y la teología cristiana no pueden conformarse ya con abordar el sufrimiento en un plano individual, apoyándose en los textos, símbolos y tradiciones cristianas, sino que deben criticar, interrumpir y transformar la acción y la reflexión a la luz de los acontecimientos de sufrimiento colectivo, tanto pasados y presentes como posibles. Ambas corrientes introducen una interrupción y ruptura en el cristianismo y a la teología cristiana cuando pregunta quién es ese sujeto humano que sufre la historia.

No es sorprendente que el cristianismo y la teología cristiana se ocupen del concepto y de la historia del sujeto humano. Tanto la afirmación tradicional de la criatura humana, creada a imagen de Dios, como la creencia en la encarnación y resurrección histórica del Mesías subrayan el hecho de que el cristianismo es una religión preocupada por la vida y la historia humana. Teológicamente, las doctrinas de la antropología y de la historia han sido siempre tan importantes como las relativas a Cristo y a Dios. Calvino explicó la singularidad del sujeto humano como relación refleja con Dios: ser sujeto humano es estar en una relación de acción de gracias con Dios. Un teólogo más moderno, Karl Rahner, ha llegado a hablar de la teología en cuanto antropología, pues el sujeto humano está siempre abierto a Dios. La pregunta que se formula el sujeto humano en la historia es fundamentalmente, para el cristiano, una tarea y un don. Pero la teología cristiana, en su forma moderna, ha utilizado la historia como ocasión para hablar del sujeto humano y de la relación con Dios. La teología de la liberación y la literatura sobre el Holocausto nos obligan a aceptar la historia en todo su carácter de interrupción. La historia no debe entenderse como proceso o evolución, sino como ruptura, fragmentación, sufrimiento, totalitarismo, opresión, etc. En esa interrupción que es la historia, los sujetos humanos no deben ser considerados como sujetos abstractos, sino como víctimas reales; y las voces de los torturados, olvidados, muertos y supervivientes deben ser escuchadas e interpretadas en el contexto de una antropología auténticamente cristiana. Hay que interrumpir y transformar el cristianismo, puesto que la razón de su existencia, el sujeto humano en relación con Dios, no puede ser olvidada ni negada por lo que se refiere a la parte sumergida de la historia.

II. EL CRISTIANISMO, PRAXIS DE SOLIDARIDAD

El acontecimiento del Holocausto no es un problema teórico sobre el significado del cristianismo, sino una interrupción que pone en el centro y en la esencia del cristianismo lo que estaba en los bordes y en forma de efectos: los seres humanos destinados a sufrir la historia. Sólo dentro de tales interrupciones existen posibilidades para el cristianismo, posibilidades de «un nuevo camino» (Gutiérrez), de una «religión mesiánica» (Johann Baptist Metz), de una transformación fundamental del testimonio y de la reflexión en la tradición cristiana [3]. El cristianismo debe experimentar un cambio cualitativo, que lo transforme de religión subjetiva y mítica en religión histórica y política (José Míguez Bonino) [4]. Este nuevo camino, mesiánico, sólo puede producirse cuando el cristianismo se pone de parte de los verdaderos sujetos humanos de la historia, de la historia concreta y efectiva. En este contexto, el cristiano no es ya una mera representación de la existencia humana «común» situada en el centro de la historia, sino una praxis de solidaridad con los que sufren en la periferia de la historia. La nueva situación del cristianismo en la actividad humana concreta se realiza mediante la adopción de una antropología radical que subraya la historicidad del sujeto y la estructura anticipatoria de la libertad del mismo. Esta antropología radical va unida a una filosofía de la historia que se ocupa de la parte sumergida de la historia. De esta manera, el cristianismo entiende su preocupación por la historia y el sujeto como solidaridad con los sujetos humanos que sufren la historia. El cristianismo se ve interrumpido y

[3] Gustavo Gutiérrez, *Liberation Praxis and Christian Fait,* en Rosino Gibellini (ed.), *Frontiers of Christian Theology in Latin America,* p. 2, y Johann Baptist Metz, *Más allá de la religión burguesa* (Salamanca 1982).

[4] José Míguez Bonino, *Five Theses Toward an Understanding of the Theology of Liberation:* «The Expository Times» 37 (abril 1976) 197-198.

transformado en sus esperanzas pasadas, presentes y futuras relativas al sujeto humano de la historia en cuanto praxis de solidaridad con los que sufren.

El sujeto por el que se interesa el cristianismo es el que vive, recuerda, espera y sufre en la historia. Hoy, este sujeto humano está localizado en la historia del sufrimiento. La imagen del «sujeto religioso» incluye ahora a las clases y razas hambrientas, desnudas, pobres y oprimidas, situadas al otro lado de la existencia. Es en el sufrimiento donde el sujeto humano interrumpe el mundo de la razón técnica, de la economía de mercado, de los discursos teóricos, para recordar el pasado y esperar en el futuro. En el sufrimiento, la libertad se interrumpe como libertad histórica, constituida en la historia concreta y efectiva. En él se intensifica y transforma el antropocentrismo del mundo occidental ilustrado: el sujeto humano, en cuanto lugar de conocimiento y libertad, sólo se realiza mediante la constitución del sujeto por esa historia. La antropología radical presenta tres características mutuamente relacionadas: 1) el sujeto humano se constituye plenamente en una situación histórica concreta a través de la cual la memoria da al sujeto una identidad histórica; 2) el sujeto humano es un agente activo de la historia; 3) la libertad tiene una estructura anticipatoria en el sujeto humano.

El sujeto está inmerso en la historia concreta como un agente cuya naturaleza esencial se define por la estructura anticipatoria de la libertad. Esta estructura, que recuerda el pasado en los relatos de los que sufren y anticipa el futuro mediante la utopía y la escatología, se convierte en el lugar propio de una nueva comprensión de la trascendencia dentro de la misma historia. La trascendencia se localiza a través de la estructura anticipatoria del sujeto humano en cuanto agente de la historia. Los recuerdos del sujeto humano, que hoy son los de los sufrimientos de vivos y muertos, mantienen viva la identidad histórica del sujeto [5]. El sujeto que recuerda puede esperar, pues los recuerdos contienen una exigencia de trascendencia, de historia todavía por realizar, una promesa de significado y de verdad todavía por cumplir en la actividad de la historia humana.

[5] Johann Baptist Metz, *La fe, en la historia y la sociedad* (Ed. Cristiandad, Madrid 1979).

El sujeto humano no suele ser recordado en la historia «normal», pero él recuerda la historia en fragmentos enterrados en tumbas o hace historia en los estertores de la muerte. Ahí encuentra el cristianismo su nuevo hogar, en una historia que se recuerda únicamente en forma de aspiración continua al futuro. La filosofía de la historia se propone entender la naturaleza de la misma historia e interpretarla. En la interrupción de los acontecimientos de sufrimiento injusto y colectivo, la historia aparece desde su parte sumergida como historia del sufrimiento. En ella, el sujeto existe como algo todavía por realizar y critica la historia constituida y escrita por los vencedores. La historia del sufrimiento incluye dos conceptos importantes para la transformación del cristianismo y de la teología cristiana: 1) la dialéctica de la no identidad en los acontecimientos de sufrimiento radical y en el recuerdo de los mismos; 2) el concepto de solidaridad con los que sufren, vivos y muertos. Esta filosofía de la historia no se interesa por el «progreso» o por los «ciclos», sino por acontecimientos de sufrimiento injusto y radical, tan diversos como el Holocausto y los pobres latinoamericanos. Estos hechos no se pueden encerrar en un sistema hermenéutico ni en una teoría de alcance global: los hechos rompen cualquier interpretación. La mejor forma de recordarlos es a través de los testimonios narrativos. Estos evocan y representan el acontecimiento revelando la libertad todavía por realizar del sujeto humano. La dialéctica de la no identidad obliga a narrar una y otra vez los recuerdos que revelan y mantienen viva la identidad precisa del sujeto humano en cuanto dotado de libertad ante la historia y ante el futuro. En la historia del sufrimiento es fundamental la comprensión de la dialéctica de la no identidad de estos hechos que exige el recurso al testimonio en cuanto categoría básica del cristianismo. La dialéctica de la no identidad —la imposibilidad de encerrar estos hechos en teorías de la interpretación o de la acción, así como de corregirlos o sanarlos en la historia— logra su mejor forma de representación en los propios testigos [6]. Y la no identidad de la historia en cuanto sufrimiento exige la identificación del recuerdo y de la esperanza, del sufrimiento y

[6] Terrence Des Pres, *The Survivor: An Anatomy of Life in the Death Camps* (Nueva York 1976) 28.

de la libertad en el cristianismo. En él la dialéctica de la identificación entre recuerdo y esperanza, sufrimiento y libertad, puede ser representada por la cruz y resurrección de Jesús. Tal dialéctica de identificación en la cruz y en la resurrección de Jesús se encuentra con el sufrimiento y la libertad. El recuerdo y la esperanza en la experiencia humana no terminan en una respuesta definitiva, sino que existen en una libertad que ha de realizarse en la historia.

La confluencia de la dialéctica de la no identidad con la identificación del recuerdo y la esperanza, del sufrimiento y la libertad, nos lleva a la segunda característica de la historia del sufrimiento en cuanto solidaridad con los que sufren, vivos y muertos. Como concepto de la historia, la solidaridad subraya la naturaleza colectiva del sujeto humano. En los hechos de sufrimiento colectivo, el sujeto humano sufre no en cuanto individuo independiente, juzgado por los criterios igualitarios de la Ilustración, sino en cuanto agente colectivo perteneciente a una raza perseguida o a una clase marginada. La solidaridad amplía también la historicidad del sujeto humano más allá de un determinado período histórico. Esto quiere decir, en sentido positivo, que la historia de la libertad es la historia del sufrimiento. También quiere decir que la solidaridad con los muertos reduce la totalidad de cualquier proyecto de emancipación en la historia. El recuerdo de los muertos no permite expiar hechos tan radicales como el Holocausto.

La historia, en cuanto interrumpida, se centra en la narración de los relatos de las víctimas, tanto de las que fueron destruidas como de las que han sobrevivido. Aquí la historia se interpreta para prolongar los peligrosos recuerdos que interrumpen la experiencia histórica actual. La historia consiste en volver a contar la verdadera lucha del sujeto histórico localizado en los recuerdos de las víctimas. Si la antropología radical da la vuelta al sujeto autónomo de la Ilustración para constituir el sujeto a través de la historia concreta, la historia del sufrimiento invierte la historia desde la parte sumergida, desde la historia de los otros[7].

La religión cristiana tiene que ver con la realización del sujeto humano en la historia. Pero ahora el sujeto humano, en el recuer-

[7] Arthur A. Cohen, *The Tremendum: A Theological Interpretation of the Holocaust* (Nueva York 1981) 20, y Gustavo Gutiérrez, *The Power of the Poor in History: Selected Writings* (Maryknoll 1983) 201.

do y en la esperanza, en el sufrimiento y en la libertad, es un agente real en la historia concreta y efectiva. La historia se convierte en historia del sufrimiento, en historia en cuanto sufrida y narrada desde la parte sumergida, desde los márgenes, los campos de exterminio y las cámaras de tortura. El cristianismo debe ponerse ahora del lado de los que sufren no porque el sufrimiento sea en sí mismo privilegiado, sino porque dentro de los hechos de sufrimiento se revela el sujeto histórico contemporáneo. El cristianismo trata de esta manera de convertirse en una interrupción: una interrupción de sistemas que niegan el sufrimiento o tratan de encontrar una cura total para su eliminación; una interrupción de estructuras que intentan más controlar que transformar la historia; una interrupción de teorías que niegan el recuerdo y la narración en cuanto constitutivos de la identidad del sujeto humano. El cristianismo interrumpe, mediante el poder de los recuerdos expresados en forma de relatos, para señalar las posibilidades de transformación. Interrumpe no simplemente como momento de autocomprensión, sino también en cuanto fuerza histórica efectiva. Es una interrupción con un objetivo y un contenido: recordar, representar y mirar hacia el futuro. El cristianismo se suma a la interrupción del sufrimiento en la historia en su compromiso con el sujeto histórico con un pasado y un futuro. Este sujeto humano en relación con Dios es el contenido y el objetivo del cristianismo en cuanto praxis de solidaridad con los que sufren. El sujeto humano en relación con Dios impone la interpretación del cristianismo como interrupción, que es, al mismo tiempo, una exigencia de transformación e interpretación.

III. DIMENSION CRISTICA Y POLITICA DE LA TEOLOGIA

El cristianismo, en cuanto praxis de solidaridad con los que sufren, exige una nueva formulación de la teología desde el punto de vista de su naturaleza (la teología en su dimensión política y crítica), de su método (la naturaleza política de la experiencia humana y la desideologización de la Escritura) y de su modelo (la teología en cuanto transformación).

Si el cristianismo es por sí mismo una fuerza efectiva concreta de la historia y revela la identificación del recuerdo y la esperanza, del sufrimiento y la libertad, tal como aparecen representados en la cruz y resurrección de Jesús, entonces la teología es una actividad política. Es política porque el cristianismo se interesa fundamentalmente por la realización concreta de la libertad humana en la historia. La exigencia de hacer teología política requiere tener en cuenta las condiciones históricas de todo conocimiento, ser responsable de la estructura anticipatoria de la libertad humana y responder a la esencia de la reflexión teórica sobre la praxis cristiana.

Esta actividad política es también crítica: comprende las condiciones para la reflexión y la acción, critica las actuales situaciones e interpretaciones y proyecta modos futuros de acción y reflexión. Si la teología es política, también es crítica, con el doble objetivo de fomentar la ilustración y la emancipación humanas. La teología cristiana debe intentar formular una relación crítica entre teoría y praxis basada en la transformación y mediada por la razón práctica. De esta manera, la teología tiene en cuenta la mediación de los significados pasados y presentes para el sujeto humano, pero siempre y sólo en el contexto de su alcance futuro y, por tanto, de la formación futura del sujeto en la historia.

Al tratar de ser política y crítica, la teología subraya dos aspectos de su método: el análisis de la experiencia humana en cuanto política y la desideologización de la Escritura. La teología cristiana analiza la experiencia humana en cuanto existencia sociopolítica concreta. Esta existencia es colectiva: la característica básica de la vida humana es su naturaleza corporativa en expresiones diversas a través de las naciones, grupos étnicos, sistemas económicos y sociales, asociaciones religiosas, relaciones familiares, etc. La existencia en este sentido colectivo es también histórica: los grupos tienen historia y existen en la historia en interdependencia con otros grupos. Lo político, en cuanto horizonte y contexto de la existencia humana, depende también de la antropología radical del cristianismo, que insiste en la actividad del sujeto humano, en la historicidad de la vida y en la estructura anticipatoria del sujeto. La existencia humana implica hechos y valores, análisis, crítica y proyección.

Este giro dado para incorporar el contexto político de la experiencia humana en el método de la teología tiene tres implicaciones especiales: 1) el teólogo debe ser siempre autocrítico; 2) debe haber un diálogo real con otros métodos de interpretación y transformación; 3) el propio método adquiere un cariz político para incorporar la persuasión y la transformación, la retórica y la ética. El teólogo ya no puede poner entre paréntesis su propia situación al hacer teología, sino que debe ser interrumpido por acontecimientos como el del Holocausto. Debe entablar un diálogo real con disciplinas como la ciencia política, la economía y la antropología, a fin de analizar y proyectar futuras formas de transformación. La teología no tiene ningún conocimiento especial que proteger y debe convertirse en una actividad interdisciplinar, de tal manera que en la historia concreta el sujeto humano no sea nunca olvidado, negado o exterminado. Por eso la teología incorpora a su forma tradicional de análisis y síntesis las formas de la retórica y de la ética, en cuanto intrínsecas a la naturaleza imperativa e indicativa de la teología cristiana.

Junto con el contexto político y el horizonte de la experiencia, la teología cristiana trata de interpretar la Escritura. Esta aporta a la teología una visión transformadora, pero debe someterse a un proceso de desideologización en dos sentidos. Primero, hay que interpretar el texto en su contexto sociopolítico concreto. La importancia del texto se entiende únicamente a través de su particularidad. Segundo, la desideologización significa el examen de las distorsiones sistemáticas, de la falsa conciencia dentro del texto mismo. El proyecto de desideologización nos obliga a reconocer las distorsiones del cristianismo incluso dentro de su propio texto clásico. Esta distorsión sistemática del texto debe ser estudiada, reconocida y comprendida. Los cristianos no pueden expurgar el texto, pero, al recordar los horrores resultantes de él y el sufrimiento del pasado y del presente, pueden llegar a vivir su fe como testimonio de que nunca volverá a producirse nuevas distorsiones y persecuciones. Hay que formular explícitamente el prejuicio del Nuevo Testamento contra los judíos y aceptarlo como una distorsión real dentro del cristianismo.

Al identificar el cambio en la naturaleza de la teología y la insistencia en el método de la misma podemos concretar un modelo de esta teología. Teniendo presente la orientación hacia el futuro de los hechos dialécticos del presente y la identificación del sujeto humano libre representado por la tradición cristiana en la memoria y la esperanza, en el sufrimiento y la libertad, podemos decir que se trata de un modelo de teología transformadora.

Un aspecto fundamental de este modelo es el compromiso de la teología con el cristianismo en cuanto praxis de solidaridad con los que sufren. Esta praxis tiene lugar en un mundo marcado por acontecimientos de sufrimiento radical e injusto. El carácter de tales hechos es una dialéctica de la no identidad: no son plenamente comprendidos por la teoría ni corregidos por la praxis. Destruyen la ilusión de que la civilización es un desfile triunfal del progreso. Los hechos interrumpen las teorías de emancipación e ilustración para dar testimonio de la identidad del sujeto humano en la historia del sufrimiento. De hecho, el mundo en que nace esta teología está marcado por acontecimientos de sufrimiento colectivo que ponen en tela de juicio la existencia de una raza humana capaz de maquinar tales hechos. Pero también aquí está el horizonte de esta teología: a través de estos hechos de sufrimiento se produce el testimonio del sujeto humano en cuanto agente libre de la historia, con una historia y un futuro. Es precisamente en la naturaleza radical de estos hechos de sufrimiento donde el sujeto humano se revela como alguien cuya identidad está en recordar, esperar y dar testimonio.

El sujeto de la teología transformadora es el sujeto histórico, definido por la estructura de la libertad anticipatoria que hoy se localiza en la historia del sufrimiento, y su objeto es la transformación continua de la historia por Dios y por la humanidad. La búsqueda de una transformación implica a la vez ilustración y emancipación, en la medida en que el sujeto histórico concreta su identidad a través de la narración de recuerdos y la configuración del cambio representado por el cristianismo en cuanto praxis de solidaridad con los que sufren.

R. CHOPP

[Traducción: J. F. ZULAICA]

TEOLOGIA CRISTIANA DESPUES DE AUSCHWITZ

Sobre la relación entre cristianos y judíos después de Auschwitz ya me he manifestado anteriormente *. Y lo he hecho en un tono alto, agudo, hasta un tanto radical para los oídos de algunos cristianos. Aquí no voy a repetir simplemente lo ya dicho, pero sí quisiera, sin retirar nada de todo ello, aprovechar esta ocasión para desarrollarlo.

Según Sören Kierkegaard, para experimentar y comprender lo que significa ser cristiano es de todo punto necesario percatarse de cada situación histórica concreta. Parto del supuesto de que Kierkegaard tiene razón (sin que ahora me sea posible justificarlo detalladamente). La situación concreta, sin cuyo reconocimiento la teología cristiana no sabe de qué habla, lleva entre nosotros un nombre: «después de Auschwitz». Voy a presentar mis reflexiones en unas cuantas tesis.

Primera tesis: La teología cristiana después de Auschwitz debe —por fin— estar presidida por la conciencia de que los cristianos sólo pueden configurar y comprender suficientemente su identidad teniendo en cuenta a los judíos.

Esta breve proposición tiene una gran cobertura bíblica en Rom 9-11 y en la lectura que de este pasaje hacen no sólo la teología cristiana actual (en los mismos tiempos del nazismo, ante todo, con Bonhoeffer y con Barth; más tarde, con teólogos como Eichholz, Iwand y el círculo del Sínodo Renano, y del lado católico, teólogos y exegetas como Thoma, Mussner y Zenger), sino los más recientes documentos eclesiásticos de ambas confesiones. Me parece, con todo, que aun hoy, y dentro de la misma teología cristiana, a esta proposición no se le concede suficiente valor en sus auténticas consecuencias.

* Cf. sobre todo el texto reproducido en mi libro *Más allá de la religión burguesa* (Salamanca 1982) con el título «Cristianos y judíos después de Auschwitz».

Lo primero sobre lo que quiero llamar la atención es que la tesis no dice que nuestra identidad cristiana tendríamos que configurarla y asegurarla en confrontación con «el judaísmo», sino «en confrontación con los judíos». La distinción es del todo intencionada. Precisamente frente a los judíos deberíamos de una vez cuidarnos de toda caracterización sistemática, des-subjetivada. «El judaísmo» no tiene rostro, no tiene ojos ante los que uno pueda determinarse o que uno pueda recordar. Desde el lado cristiano, es decir, desde el «cristianismo», aún es posible descalificar y objetivar al «judaísmo», propiamente «cosificarlo», como un presupuesto histórico-salvífico ya superado de la historia del cristianismo, de modo que los actuales judíos no aparezcan ni como socios o compañeros ni aun como (meros) oponentes (pues, a la postre, también los oponentes tienen rostro). Sin embargo, tienen que aparecer de una manera y de la otra. Debido a Auschwitz tienen que hacerse presentes: con sus rostros destrozados, con sus ojos carbonizados, de los que solamente cabe contar la historia, hacer memoria, pero no reconstruirlos en conceptos sistemáticos.

Esta simple observación lingüística sobre nuestra jerga teológica entraña una exigencia decisiva. Una exigencia que clama contra el empleo de conceptos sistemáticos y aboga por el empleo decidido de conceptos subjetivos en la teología. Postular semejante modo de hacer teología cristiana con referencia a los sujetos y no a los sistemas no es en absoluto expresión de una conciencia teológica privatizada o individualista. Es la consecuencia natural de la «conciencia histórica» que a la vista de Auschwitz se nos pide, se nos exige y se nos concede para hacer teología. De esta primera exigencia ya se echa de ver que, después de Auschwitz, no se trata sólo de una revisión de la teología cristiana del judaísmo, sino de una revisión de la teología cristiana como tal.

Para ejecutar ese obligado paso de los conceptos sistemáticos a los conceptos subjetivos deben los cristianos, y en especial los teólogos cristianos, aprender a decir «yo» de una forma nueva y, por lo mismo, dejar definitivamente de camuflar su insensibilidad histórica con el usual lenguaje sistemático objetivo. Decir «yo» como teólogo cristiano a la vista de Auschwitz no coadyuva en absoluto a estilizar el individualismo teológico, sino a sensibilizarse por la responsabilidad concreta, por la concreta situación de crisis en que se encuentra la actual teología cristiana en su esfuerzo por encontrar y testimoniar la verdad del evangelio después de Auschwitz. Es de todo punto necesario aprender a decir «yo» de esta manera; lo cual no es en absoluto subjetivista, ni acrítico, ni apolítico. Más bien es, a mi modo de ver, el objetivo del estudio de la teología cristiana después de Auschwitz. Al fin y al cabo, el tiempo de los sistemas desencarnados de la situación y de todo sujeto —como lugares privilegiados de la verdad teológica— ya ha pasado, por lo menos una vez consumada la catástrofe de Auschwitz, la cual nadie sin pecar de cínico puede ignorar o escamotear en un sistema conceptual objetivo.

Brevemente quisiera ahora, desde tres distintas perspectivas, explicar lo que para mí significa decir «yo» frente a los judíos, a la vista de la catástrofe de Auschwitz. En primer lugar, desde la perspectiva del *medio* del que yo mismo procedo. Procedo del campo, de una archicatólica pequeña ciudad bávara. En ella propiamente no había judíos; aun después de la guerra no pasaron de ser una realidad sin rostro; las opiniones sobre «los judíos» se importaban entre nosotros... de Oberammergau. La catástrofe de Auschwitz, que acabó siendo una catástrofe de nuestro cristianismo, quedó extramuros de nuestro mundo; no penetró en él, aun cuando mi ciudad natal apenas dista cincuenta kilómetros de ese campo de concentración en el que Dietrich Bonhoeffer, en buena parte también por su actitud respecto a los judíos, tuvo que dar su vida. Ni el medio eclesiástico de la ciudad en que nací ni el de la ciudad vecina en que hice mi bachillerato me han traído Auschwitz a la memoria.

Aprender a decir «yo» ante la catástrofe de Auschwitz es, ante todo, una tarea de la *teología* como tal. Yo tuve la suerte de poder aprender la que considero mejor teología católica de este tiempo, la teología de Karl Rahner, y a ella le debo casi todo lo que teológicamente soy capaz de hacer. Pero en un determinado momento, bien es verdad que circunstancialmente y con lentitud, con demasiada lentitud, tomé conciencia de que tampoco en esta teología aparecía Auschwitz. Por eso comencé a hacerme preguntas críticas y a buscar nuevos, adicionales puntos de vista de identidad teológica, en confrontación con esta catástrofe. ¿No permanecíamos todavía prendidos en una especie de idealismo histórico? ¿No entrañaba el logos de la teología cristiana una excesiva dosis de apatía? ¿Una perplejidad harto solidificada frente al precipicio de las catástrofes históricas? ¿No reside aquí tal vez la causa de que al final (en el tiempo inmediatamente posterior a la guerra) habláramos tanto de la «historicidad» de la fe y de la teología, para encubrir con tal formalismo las contradicciones reales de la experiencia histórica? ¿No seguía imperando un triunfalismo histórico demasiado abrupto, presuntamente basado en motivos cristológicos, un exagerado optimismo «idealista» frente a la historia, que nos incapacitaba para ver las amenazas reales de nuestra esperanza cristiana? ¿No sabíamos, con anterioridad a toda praxis cristiana, «demasiado» sobre el sentido de la historia, lo que nos hacía ver cualquier catástrofe únicamente como la resonancia de una tormenta que pasa? ¿Y no nos era del todo extraña la idea de que para comprender el sentido de la propia historia y de las propias promesas podríamos depender de un interlocutor histórico no cristiano, o sea, de nuestras víctimas, de los judíos de Auschwitz en suma?

Mirando a Auschwitz vi claro que una adecuada separación de teología sistemática y teología histórica, de verdad e historia, es materialmente imposible. Y esto atañe, en cada caso a su modo, a los dos extremos, tanto a los teólogos sistemáticos como a los históricos. Tampoco estos últimos pueden sin más someterse a un saber científico que define el saber histórico precisamente como opuesto a un saber rememorativo. La catástrofe de Auschwitz no puede ser sólo reconstruida históricamente, también debe ser históricamente recordada. Por eso nuestros teólogos históricos deben introducir nuevamente en la concepción pública de la historia la «lucha por la memoria», la lucha por el saber rememorativo con referencia a los sujetos. Son justamente los teólogos históricos (poniendo el acento en «teólogos») quienes deben mirar al escenario de la historia con los ojos de las víctimas; quienes deben considerarse a sí mismos como los defensores de oficio provistos por la sociedad en favor de los muertos (por emplear una expresión análoga a la formulada por H. Oberman), como mediadores entre la democracia y la tradición, que interpreten la democracia en términos no sólo espaciales, sino temporales, es decir, que traten de extender la democracia hacia atrás, solicitando de esa manera el voto de los muertos (como en parecidos términos ya postuló G. K. Chesterton). ¿Cuál sería entonces el cuadro de nuestra más reciente historia? La conciencia (intelectual) y la conciencia (moral) de la historia no se acreditan principalmente en contraste con los éxitos y victorias, sino en contraste con las derrotas y catástrofes. En ellas es donde encontramos lo que hace que la historia se sustraiga a todos los modelos interpretativos «evolucionistas» tomados de la naturaleza: la discontinuidad, el dolor de lo negativo, el sufrimiento y, en todo caso, la catástrofe como desafío efectivo de la propia esperanza.

De esta manera no hay para mí verdad alguna que yo pudiera defender de espaldas a Auschwitz. No hay para mí ningún sentido que yo pudiera salvar de espaldas a Auschwitz. Y no hay para mí ningún Dios al que yo pudiera adorar de espaldas a Auschwitz. Cuando esto se me hizo evidente, intenté no seguir haciendo teología de espaldas a los sufrimientos imperceptibles —o encubiertos por la fuerza— del mundo: ni de espaldas al holocausto ni de espaldas al atónito sufrimiento de los pobres y oprimidos del mundo. Este fue el estímulo personal que me impulsó a elaborar la llamada teología política.

Ilustraré brevemente lo que significa decir «yo» ante los judíos desde la perspectiva de la *religión,* esto es, de la praxis religiosa. En la religión que yo practiqué de joven (durante el nazismo) tampoco aparecían los judíos. Nosotros seguíamos rezando nuestras oraciones y celebrando nuestras liturgias de espaldas a Auschwitz. Más tarde comencé a preguntarme qué clase de religión era ésa que, impasible, podía seguir practicándose de espaldas a tamaña catástrofe. Este fue para mí uno de los motivos que me llevaron a hablar críticamente del cristianismo como «religión burguesa». Aún habría muchas cosas que añadir al respecto. Pero ahora paso inmediatamente a proponer la segunda tesis.

Segunda tesis: Después de Auschwitz, la afirmación de que «los cristianos sólo pueden configurar y comprender adecuadamente su identidad en confrontación con los judíos» se agudiza y da pie para esta otra: «los cristianos sólo pueden salvaguardar su identidad teniendo en cuenta la historia de la fe de los judíos».

Hacer que la opinión pública tome conciencia de esta correlación es una tarea que compete a la teología cristiana después de Auschwitz. Séame permitido en primer lugar echar una ojeada sobre la nueva relación entre los cristianos y los judíos en el tiempo de la posguerra. En ella se pueden distinguir *distintas fases y dimensiones.* Primeramente, el estadio de una difuminada benevolencia, poco estable y acrisolada, fácil de atacar y suprimir (y que apenas se da cuenta de que un filosemitismo tan desdibujado puede muy bien constituir una forma de antisemitismo enmascarado). Luego, la fase de la discusión teológica del tránsito «de la misión al diálogo» entre cristianos y judíos. En tercer lugar, los principios de una transformación consciente del pensamiento teológico, el desarrollo de una teología cristiana del judaísmo *post Christum,* reconociendo la permanente dignidad mesiánica de Israel, la importancia de Israel «como raíz» de la Iglesia (como ya reclamaron Bonhoeffer y Barth). Y, finalmente, la cuarta fase, ya apuntada en la anterior: que los cristianos entienden que su historia de fe depende concretamente de los judíos o, lo que es lo mismo, que los cristianos no pueden como tales definir su propia identidad prescindiendo de los judíos.

Aquí se toma teológicamente en serio lo de «Auschwitz como fin», y no como fin de una determinada fase de la historia de los judíos, sino como fin de ese tipo de cristianismo que se resiste a configurar su identidad en confrontación con los judíos y a una con ellos. Al fin y al cabo, para decirlo una vez más, de lo que se trata —a la vista de Auschwitz— no es solamente de una revisión de la teología cristiana del judaísmo, sino de una revisión de la teología cristiana en general. Esto ya lo he desarrollado someramente en una publicación anterior. De ella recojo estas frases. Lo que yo personalmente entiendo por Auschwitz como fin y como cambio de dirección para nosotros los cristianos voy a ilustrarlo rememorando una conversación. A finales de 1967 tuvo lugar en Münster una discusión pública entre el filósofo checo Milan Machoveć, Karl Rahner y yo. Al final del diálogo Machoveć trajo a la memoria las palabras de Adorno: «Después de Auschwitz ya no hay poesía», y me preguntó si para nosotros los cristianos después de Auschwitz puede aún haber oración. Yo terminé por contestarle lo que todavía hoy respondería: después de

Auschwitz nosotros podemos seguir rezando, porque también en Auschwitz se rezó. Nosotros los cristianos no podemos retrotraernos a antes de Auschwitz; pero, vistas las cosas de cerca, tampoco podemos ir más allá de Auschwitz nosotros solos, sino juntamente con sus víctimas. Esta es, a mi parecer, la raíz del ecumenismo judeo-cristiano. El cambio de actitud y relaciones entre judíos y cristianos se corresponde con la radicalidad del fin acontecido en Auschwitz. Sólo cuando hagamos frente a este fin reconoceremos cómo se encuentra o podría encontrarse la «nueva» relación entre judíos y cristianos.

Todavía quisiera aquí ahondar y dilucidar más este sentido, examinando el llamado *problema de la teodicea ante Auschwitz*, esto es, el problema de Dios ante sufrimiento tan indecible. El significado de todo esto para nosotros los cristianos y nuestra autocomprensión puede muy bien ejemplificarse con unas simples observaciones a un conocidísimo texto del libro de Elie Wiesel *Night*. El texto se ha hecho ya famoso, precisamente por su singularidad. Se ha convertido en un prototipo, hasta el punto de ser citado por muchos teólogos cristianos. Justamente por eso me permite expresar mi intención con toda claridad. «Los mandos del campamento se negaron a hacer de verdugos. Tres hombres de las SS aceptaron ese papel. Tres cuellos fueron en un momento introducidos en tres lazos. 'Viva la libertad', gritaron los adultos. Pero el niño no dijo nada. '¿Dónde está Dios? ¿Dónde está?', preguntó uno detrás de mí. Las tres sillas cayeron al suelo... Nosotros desfilamos por delante..., los dos hombres ya no vivían..., pero la tercera cuerda aún se movía..., el niño era más leve y todavía vivía... Detrás de mí oí que el mismo hombre preguntaba: '¿Dónde está Dios ahora?'. Y dentro de mí oí una voz que me respondía: '¿Que dónde está? Ahí está: colgado de la horca'. Aquella noche la sopa sabía a cadáver».

Comentaré este texto bajo un único punto de vista. *¿Quién* puede en rigor intentar dar al problema de Dios la respuesta que aquí se insinúa: «¿dónde está Dios? Ahí está: colgado de la horca»? ¿Quién, si es que hay alguien capaz de ello, puede decir tal cosa? Yo creo que esto sólo puede decirlo el judío amenazado de muerte junto con todos los niños de Auschwitz, únicamente él. Aquí no cabe ninguna otra «identificación» de Dios, ni tan sublime como, por ejemplo, la de J. Moltmann ni tan moderada y discreta como la de D. Sölle. Aquí fracasa, a mi modo de ver, toda identificación teológico-cristiana de Dios. El único que puede efectuar una identificación semejante es el judío acorralado con su Dios dentro del abismo, el que está en ese mismo infierno «donde Dios y el hombre se miran a los ojos llenos de espanto» (E. Wiesel). Unicamente él, creo yo, puede aquí hablar de un «Dios en el cadalso», no nosotros los cristianos, que desde fuera de Auschwitz, de una manera o de otra, hemos enviado a ese judío a tal situación de desesperanza o en ella por lo menos lo hemos abandonado. Aquí no hay para mí ningún «sentido» que nosotros, sin los judíos, podamos atestiguar. Aquí estamos nosotros, sin los judíos, en el infierno de Auschwitz, condenados al sinsentido, al ateísmo.

Y no se diga que, al fin y al cabo, para nosotros los cristianos hay otras experiencias de Dios que las de Auschwitz. ¡Cierto! Pero si para nosotros en Auschwitz no hay ningún Dios, ¿cómo va a haberlo en otra parte? Tampoco se diga que esta concepción choca con el núcleo de la autocomprensión cristiana, según la cual la cercanía de Dios está para los cristianos definitivamente garantizada en Jesucristo. Pues aún queda en pie el interrogante de para qué cristianismo vale tal promesa. ¿Acaso para un cristianismo de identidad antijudía, que precisamente constituye una de las raíces históricas de Auschwitz, o más bien para un cristianismo que sabe que su propia identidad sólo la puede configurar y comprender en confrontación con la historia de sufrimiento de los judíos?

Que hasta en el problema de Dios tengamos que depender del testimonio de la historia de sufrimiento de los judíos parecerá a muchos cristianos que es llevar las cosas demasiado lejos. Para mí, sin embargo, el reconocimiento de esta dependencia cuasi histórico-salvífica es la piedra de toque para demostrar si los cristianos estamos dispuestos a entender la catástrofe de Auschwitz como una verdadera catástrofe y a tomarla teológicamente en serio como un verdadero reto, tal como moralmente ya acostumbramos a exorcizarla. A la vista de Auschwitz, y vuelvo a repetirlo, no se trata solamente de una revisión de la teología cristiana del judaísmo, sino de una revisión de la teología cristiana en general.

Entre tanto, naturalmente, no faltan *síntomas* que denotan que también nosotros intentamos, en lo posible, mantenernos a buena distancia de este radical desafío de Auschwitz. Ahí está, por ejemplo, el intento de desligar el holocausto de Auschwitz de unas causas específicamente cristianas. Así, se le considera como un crimen puramente nacionalsocialista, que (como subraya el «Bonner Papier») «fue tan antijudío como anticristiano»; o se le ve únicamente como resultado del «espíritu alemán» (a lo que se opone, por ejemplo, H. Oberman en su último libro). También, y en segundo lugar, se recurre a repentinas sustituciones de los protagonistas de la catástrofe, haciendo de Auschwitz el tipo o símbolo de todas las catástrofes del mundo, tanto posibles como reales, con lo cual se olvida que la validez universal de la tragedia judía, del Holocausto de Auschwitz, reside precisamente en su carácter intransferible, en su singularidad y en su incomparabilidad. Igual que la Iglesia en otro tiempo, de acuerdo con una peligrosa teoría de sustitución, creyó heredar la suerte histórica de Israel o poder ignorarla («la Iglesia como el verdadero Israel»), hoy se dan respecto a Auschwitz teorías de sustitución de carácter profano, que corren el peligro de minimizar la catástrofe de Auschwitz, trasladándola sin más a otras situaciones de sufrimiento. Una tercera forma de quitar hierro a la provocación de Auschwitz en orden al problema de Dios reside en el intento de vincular el nombre de Auschwitz con la tragedia de judíos «y cristianos». Si bien es cierto que en Auschwitz hubo cristianos, heroicos cristianos que confesaron su fe, también es cierto que por encima de todo (y precisamente en nombre de esos mismos cristianos, que en muchos casos fueron a parar a Auschwitz por su solidaridad con los judíos) hay que sostener decididamente que el nombre de Auschwitz responde a la terrible tragedia del pueblo judío. De esta manera traté yo de argumentar en el Sínodo Conjunto de los Obispos de la República Federal de Alemania (1975), cuando me tocó presentar el texto *Unsere Hoffnung* (Nuestra esperanza), que yo mismo había formulado previamente, dentro de la correspondiente comisión. Con mi argumentación, ciertamente, no pude persuadirlos del todo (en el texto se habla de «judíos y cristianos»); sin embargo, este pasaje, inserto en un documento oficial del Sínodo, encierra la declaración probablemente más avanzada en lo tocante a la nueva relación entre judíos y cristianos después de Auschwitz. Allí se dice textualmente: «Precisamente nosotros los alemanes no debemos negar o minimizar la continuidad salvífica entre el pueblo de Dios del Antiguo y del Nuevo Testamento, tal como la vio y reconoció el mismo apóstol Pablo. Pues también en este sentido nosotros nos hemos hecho en nuestro país deudores del pueblo judío. En última instancia, nuestra credibilidad al hablar del 'Dios de la esperanza' ante un horror tan desesperante como el de Auschwitz depende ante todo del hecho de que innumerables personas, judíos y cristianos, han seguido nombrando e invocando a este Dios dentro de semejante infierno o tras la experiencia de semejante infierno». En cuarto lugar, todavía quisiera aludir brevemente a la «mano tendida del Sínodo Renano», que por su parte aborda valientemente el tema de la teodicea con la vista puesta en Auschwitz. No obstante, la recomendación de «mantener abierto» en este punto el problema de Dios me parece que a la postre no es sino la expresión de una falsa modestia, que vuelve a encubrir el hecho de que para tratar el problema de Dios después de Auschwitz dependemos de la historia de sufrimiento de los judíos. No creo necesario aquí hacer particular hincapié en que yo no persigo una respuesta especulativa de este problema de la teodicea. Lo que me importa es si los cristianos podemos —y cómo podemos— hablar significativamente de «Dios después de Auschwitz».

A todo esto, no quisiera pasar por alto que Auschwitz no sólo entraña un problema de teodicea, sino también un evidente y harto dramático problema de *antropodicea,* sobre el que por cierto ya se ha llamado muchas veces la atención: el problema de la justificación del hombre ante los sufrimientos de Auschwitz. En este sentido, la pregunta planteada por E. Wiesel podría muy bien reformularse en términos de antropodicea: «¿Dónde estaba el hombre en Auschwitz?» Muchos supervivientes se han derrumbado ante la imposibilidad de respuesta a esta pregunta, es decir, ante los insondables abismos de la desesperanza en el hombre. ¿Cómo puede uno seguir viviendo entre los hombres, cuando en Auschwitz ha tenido que experimentar de lo que son capaces? Esta pregunta, como es sabido, destapa otra vez la tragedia de Auschwitz bajo un punto de vista enteramente distinto, que aquí, sin embargo, no puedo pararme a considerar. Por eso paso ya a la tesis siguiente.

Tercera tesis: La teología cristiana después de Auschwitz debe poner nuevamente de relieve la dimensión judía de la forma de fe cristiana y superar la barrera impuesta a la herencia judía dentro del cristianismo.

Esta tesis no pretende únicamente recordar a la teología cristiana la existencia específicamente judía de Jesús. Apunta más bien al sello o carácter judío de la fe cristiana. Al fin y al cabo, de lo que se trata a la vista de Auschwitz no es sólo de una revisión de la teología cristiana del judaísmo, sino de una revisión de la teología cristiana en general. La tesis habla de «forma de fe». Con ello adopto el lenguaje introducido por Martin Buber («Dos formas de fe»), naturalmente sin aceptar a la vez la diferenciación que él establece. Con la expresión «forma de fe» se quiere indicar aquí el ensamblaje de contenido y de realización de la fe, de sujeto y objeto, de teoría y praxis, esto es, de teoría de la fe y praxis de la fe. Parto del supuesto de que, al contrario de lo que opina Buber, no solamente se da una forma de fe específica judeo-veterotestamentaria y una forma de fe específica cristiano-neotestamentaria, sino que en las tradiciones del mismo Nuevo Testamento también se advierten distintas formas de fe. Por eso se puede hablar, sin que haya aquí lugar para explicarlo con detalle, de una forma de fe marcadamente sinóptica, diferente de una forma de fe marcadamente paulina, lo que no significa que ambas se excluyan recíprocamente. Y también es evidente que la forma de fe sinóptica está caracterizada con mayor intensidad y persistencia por la forma de fe judeo-veterotestamentaria. Puesto que en el curso de la historia del cristianismo la forma de fe sinóptica pasó a segundo plano en aras de la forma de fe de acento paulino, es hoy de rigor traerla nuevamente a la memoria e identificarla como «forma de fe cristiana». Esta forma de fe de cuño judío, por tanto, pertenece al estadio fundamental de la fe cristiana; y no hay que extraerla del Antiguo Testamento, sino que se halla claramente expresada en el Nuevo.

La fe como entrega confiada a la voluntad de Dios es aquí, ante todo, un camino, una forma de estar en camino, incluso de estar sin patria, en una palabra: seguimiento. Cristo es verdad y... camino. Todo intento de saber de él, de comprenderlo, es siempre un andar, un seguir tras él. Sólo siguiéndole saben los cristianos a quién se han entregado y quién les salva. Una cristología de este tipo no toma forma primeramente en conceptos y sistemas des-subjetivados, sino en historias de seguimiento. Tiene rasgos narrativos, y eso no de manera adicional, sino fundamental. La cristología del seguimiento se opone a todo cristianismo que se presente como una religión burguesa, está en contra de toda interpretación que sitúe el cristianismo en la sociedad burguesa. También está en contra del mismo cristianismo cuando éste se entiende como una especie de religión de los vencedores, con demasiadas respuestas y con la correspondiente falta de interrogantes apasionados durante el camino. Pone además de manifiesto que el cristianismo encierra, antes que un saber sistemático, un saber narrativo y rememorativo. Narración y recuerdo son las correspondencias cognitivas de una fe que se concibe como un camino, como un estar en camino, como una forma constitucional de ser apátrida. La importancia del «recuerdo» y de la «narración» yo la he aprendido, si puede decirse que la haya captado del todo, más que nada de los judíos, y de todo tipo de judíos, creyentes y no creyentes, no sólo de G. Scholem, sino también de W. Benjamin, no sólo de M. Buber, sino también de E. Bloch, no sólo de F. Rosenzweig, sino también de E. Fromm, no sólo de N. Sachs, sino también de F. Kafka. El cristianismo, en definitiva, también es en sus raíces una comunidad de recuerdo y narración. En su centro, evidentemente, no hay una historia amena y divertida, sino peligrosa, que no invita simplemente a la meditación, sino al seguimiento.

Precisamente la forma de fe sinóptica de cuño judío nos hace reparar en que la fe cristiana es un acontecimiento corporal, en cierto modo sensible, que no puede ser espiritualizado hasta convertirlo en una pura fe reflexiva. ¿No existe entre nosotros, desde hace largo tiempo, el peligro de la total espiritualización e interiorización de los contenidos e imperativos evangélicos? ¿No se ha desplazado excesivamente el seguimiento entre nosotros hacia un seguimiento de ideas, el amor hacia un amor intelectualizado, el sufrimiento hacia un sufrimiento conceptualizado, el exilio hacia un exilio reflexivo, la persecución hacia una persecución ideológica? ¿Cómo, si no, podrían los teólogos cristianos hablar, por ejemplo, de que somos nosotros, los cristianos, quienes constituimos la «verdadera» religión del exilio, la «verdadera» religión de la diáspora, de la dolorosa dispersión por el mundo? ¿Cómo puede semejante afirmación mantenerse en pie durante siglos ante la experiencia de los judíos? Kafka la ha plasmado muy bien en sus «Cartas a Milena»: «... Esto significa, exagerando un poco, que no se me concede ni un solo segundo tranquilo, que nada se me regala, todo tiene que ser ganado, no sólo el presente y el futuro, también el pasado..., incluso lo que tal vez todo hombre ha recibido, también esto debe ser conquistado, éste es quizá el trabajo más gravoso, suponiendo que la tierra gira hacia la derecha, y yo debería girar hacia la izquierda, para recuperar el pasado... Es como si alguien, antes de dar un simple paseo, no solamente tuviera que lavarse, peinarse, etc., lo cual ya es bastante penoso, sino que también tuviera —dado que antes de cada paseo siempre le falta todo lo necesario— que coser el vestido, remendar las botas, fabricar el sombrero, recortar el bastón, etc. Naturalmente, todo esto no lo puede hacer bien, y le aguanta tal vez un par de calles... Y, al final, en la férrea calleja todavía choca con un montón de gente que anda a la caza de los judíos».

En esta forma de fe cristiana aún hay otros rasgos de carácter judío, que aparecen en los evangelios sinópticos y que deberíamos rememorar y reavivar: por ejemplo, la fe como resistencia hasta el sufrimiento frente a los prejuicios sociales dominantes, y esto teniendo ante los ojos una historia del cristianismo que muy a menudo —frente a los poderes políticos— ha sido más una historia de acomodación y obediencia que una historia de resistencia «en el nombre de Dios»; una fe a la que no se le oculta su propia debilidad mesiánica y que no se entiende como una esperanza sin expectativa ni, por tanto, se cree de antemano pertrechada e invicta frente a todas las desilusiones históricas; una fe para la cual el mismo Dios de Jesucristo no deja de ser el absolutamente otro, el Dios no comprendido, el Dios incluso peligroso, etc. Nosotros, los cristianos, ¿no nos hemos apresurado demasiado en sacudirnos de encima la mística y la piedad oracional judía, que al fin y al cabo podemos constatar en la experiencia de Dios de Jesús, tal como la presentan los evangelios sinópticos?

Cuarta tesis: La teología cristiana después de Auschwitz debe recuperar, para sus tentativas ecuménicas, las perspectivas mesiánicas de la Biblia.

Es en esta situación «después de Auschwitz» donde debe resultar evidente que no podemos dar un paso adelante en la unidad de los cristianos si en nuestros esfuerzos ecuménicos nos olvidamos de un interlocutor que forma parte integrante de la situación escatológica básica de los cristianos: el interlocutor judío. En este sentido, el mismo Karl Barth nos recuerda que, propiamente hablando, no hay más que una gran tarea ecuménica: nuestro comportamiento cristiano con los judíos. A esto, para terminar, no voy a añadir más que una sola idea. Unicamente si nosotros los cristianos no sofocamos esta perspectiva mesiánica del ecumenismo, si, por tanto, nos empeñamos en desarrollar la idea cristiana de la unidad con la mirada siempre puesta en el interlocutor judío, podremos al fin contribuir eficazmente al ecumenismo de las grandes religiones en general o, cuando menos, a una coalición de las religiones para ofrecer resistencia a la apoteosis del odio y de la banalidad imperante en nuestro mundo. A este propósito pienso también, y sobre todo, en nuestra relación con el *Islam.* Un acercamiento directo de los cristianos al Islam, pasando por alto —por así decir— a los judíos, me parece imposible tanto desde el punto de vista teológico como histórico-cultural. En definitiva, no podemos olvidar una cosa: que la religión judía, proscrita y perseguida, es la religión en que radica tanto el Cristianismo como el Islam. Y «Auschwitz», por lo mismo, es y seguirá siendo un atentado a las raíces de nuestra historia religiosa común.

J.-B. METZ

[Traducción: J. M. BRAVO]

EL HOLOCAUSTO Y LA TEOLOGIA POLITICA

Antes, durante y después del Holocausto el mundo cristiano permaneció en silencio. Sin embargo, hubo algunos hombres y mujeres valerosos que hablaron o actuaron con decisión. Dios no quedó totalmente sin testigos.

I. ARREPENTIMIENTO TARDIO

Después de la segunda guerra mundial, algunos cristianos, protestantes y católicos, comenzaron a preguntarse en qué medida la tradición cristiana había contribuido al genocidio. Reconocían, naturalmente, que el nazismo era anticristiano y que el racismo nazi, al rechazar todo lo judío, rechazaba también a Jesús y el Nuevo Testamento, pero pensaban que las enseñanzas y los símbolos antijudíos presentes en la tradición cristiana habían creado un mundo cultural que favorecía la difusión del lenguaje antisemita y en el que se tenía la vaga sensación de que la destrucción de los judíos era un castigo providencial. Tuvo gran importancia el libro *Jesús e Israel* (1948), del historiador judío francés Jules Isaac, que demostraba cómo el desprecio a los judíos y la denigración de la religión judía fueron elementos de la predicación cristiana casi desde el principio. Si bien comenzaron siendo pocos los cristianos con el suficiente valor moral para estudiar ese material y abordar a fondo la cuestión, su número fue creciendo; se organizaron, publicaron sus propias revistas, crearon centros de investigación e incluso lograron influir en los dirigentes de las Iglesias.

Durante los años sesenta, organismos y grupos eclesiales, tanto protestantes como católicos, con diversos grados de sinceridad y arrepentimiento, hicieron importantes declaraciones públicas que expresaban su intenso pesar por el enorme mal infligido a los judíos. Se arrepentían de su silencio, repudiaban los elementos antijudíos de la doctrina cristiana, renunciaban al proselitismo entre los judíos y pedían solidaridad con este pueblo. En muchas Iglesias tales declaraciones llevaron a revisar catecismos, materiales de educación religiosa, textos litúrgicos y tratados teológicos. Numerosas Iglesias, especialmente en Norteamérica, expresaron públicamente su solidaridad con el Estado de Israel.

Conforme los cristianos luchaban contra las distorsiones presentes en su propia tradición, descubrían con desaliento hasta qué punto la negación de la existencia judía estaba metida en la presentación del mensaje cristiano. El cristianismo era presentado siempre como el relevo de la religión de Israel: con Jesucristo, el judaísmo había perdido su validez. El antijudaísmo, como ha dicho Rosemary Ruether, fue «la mano izquierda de la cristología» [1]. ¿Es posible proclamar el evangelio cristiano de manera que respete la religión judía? Tomar en serio el Holocausto significa para algunos teólogos revisar la cristología. Jesucristo fue para ellos el gran protector de los hombres que se alzó contra todas las fuerzas de la muerte.

El Holocausto no deja de ser un principio de discontinuidad para la Iglesia cristiana. Por mucho que revise y reformule el mensaje cristiano y por mucho que dialogue y coopere con los judíos, la Iglesia no podrá reconciliarse con su pasado. Como parte de la civilización occidental, la Iglesia resulta culpable por su silencio. El Holocausto tiene un sentido singular para los cristianos. Si el silencio del mundo pudo ser indiferencia ante el sufrimiento de otros, el silencio de las Iglesias fue más que indiferencia. Expresaba un sentido vagamente religioso de que los judíos no eran nuestros hermanos, de que representaban una entidad antitética a la visión cristiana de la sociedad: llevaban la marca de Caín en sus frentes y ahora eran visitados por un acto misterioso de la providencia. Frente al Holocausto, los cristianos descubren ahora que no hay espectadores inocentes. La confrontación con el Holocausto provoca discontinuidad y desasosiego en la Iglesia. Los cristianos no pueden seguir en silencio, aunque su discurso revele la complicidad de su propia Iglesia. Los cristianos deben examinar la tergiversación ideológica de su propia tradición religiosa.

La exigencia es doble: «hablad contra el mal social» y «examinad vuestra propia complicidad en ese mal social». En consecuencia, la tardía respuesta cristiana al Holocausto afecta a la

[1] Rosemary Ruether, *Faith and Fratricide* (Nueva York 1974).

Iglesia no sólo en su relación con los judíos, sino —más universalmente— en su relación con el mundo.

El silencio del papa Pío XII se ha convertido en símbolo de la culpa de la Iglesia. La obra teatral de Hochhut *El Vicario* dio a ese símbolo una gran fuerza cultural. Desde entonces la Iglesia comenzó a hablar del mal social. En un tiempo la Iglesia se consideraba protectora de la civilización occidental. Hablaba de asuntos políticos únicamente cuando se hallaban en peligro sus propios intereses institucionales o cuando la sociedad liberal moderna violaba alguna norma ética tradicional, en especial sobre la procreación y la vida familiar. La Iglesia observaba un respetuoso silencio con respecto a los conflictos entre naciones: a lo sumo ofrecía canales diplomáticos para un arreglo pacífico. Pío XII guardó silencio cuando Hitler invadió Polonia, aunque se trataba de un viejo país católico. También los obispos alemanes guardaron silencio. El silencio del papa y de los obispos ante la persecución y el asesinato masivo de los judíos es bien conocido.

II. TESTIMONIO PUBLICO DE LA JUSTICIA

Después de la segunda guerra mundial, las Iglesias, incluida la católica, han hablado contra el mal social. A menudo lo han hecho por espíritu de arrepentimiento frente a su silencio durante la matanza de los judíos. En respuesta al Holocausto, los obispos se han convertido en portavoces de la paz, la justicia y los derechos humanos.

La carta pastoral *Sobre la guerra y la paz,* publicada en mayo de 1983 por los obispos de Estados Unidos, es —en mi opinión— históricamente incomprensible si no se tienen en cuenta el Holocausto y el silencio de la Iglesia durante la segunda guerra mundial. Los obispos estadounidenses estiman que su propio país se encamina hacia una destrucción masiva cuyas dimensiones producen vértigo a la imaginación. El mundo es conducido hacia la autodestrucción por la lógica de la carrera de armas nucleares: un mal demoníaco. Las teorías tradicionales sobre la guerra justa no son aplicables a las armas nucleares. Debido a su enorme poder y al carácter incontrolable de su destrucción, exterminan a poblaciones enteras. Llevan a cabo una guerra total contra gente inocente. No hay ninguna justificación moral para un bombardeo nuclear. Los americanos no deben olvidar, dicen los obispos, que ellos son el primer país que produjo la bomba atómica y el único que la lanzó. Los obispos piden ahora a los católicos que influyan en la opinión pública para que «nuestro país pueda expresar un profundo arrepentimiento por el bombardeo atómico de 1945». «Sin ese arrepentimiento —añaden los obispos— no es posible hallar un modo para repudiar el uso futuro de armas nucleares» [2]. Es difícil encontrar en la historia de la Iglesia paralelos de una declaración hecha por los obispos de una superpotencia contra los crímenes de imperialismo.

Después del Holocausto, las Iglesia han comenzado a examinar su propia complicidad en el mal social. En teología este fenómeno se denomina «ideología crítica». Los teólogos alemanes y norteamericanos que, bajo el nombre de «teología política», han abordado la ideología crítica como paso indispensable en la clarificación del mensaje cristiano para nuestro tiempo, se han sentido profundamente afectados por el hecho del Holocausto. Tal es el caso de los teólogos alemanes Metz [3], Moltmann [4] y Soelle [5], o bien de los norteamericanos Robert McAfee Brown [6], Francis Fiorenza [7], Matthew Lamb [8] y Rosemary Ruether [9]. No es coinciden-

[2] *Origins, NC Documentary Service,* vol. 13, n.° 1, p. 27. En el debate, el obispo Hunthausen dijo que el Trident colocado en su diócesis puede destruir nada menos que 408 zonas separadas, cada una con una bomba cinco veces más poderosa que la que cayó sobre Hiroshima. El Trident y el misil MX tienen tal precisión y potencia, dijo, que sólo pueden entenderse como armas nucleares de ataque. «Digo con plena conciencia de las palabras que el Trident es el Auschwitz de Puget Sound» (Jim Castelli, *The Bishops and the Bomb* [Garden City 1983] 28).

[3] J. B. Metz, *Oekumene nach Auschwitz,* en Eugen Cogon (ed.), *Gott nach Auschwitz* (Friburgo 1983) 121-144.

[4] J. Moltmann, *El experimento esperanza* (Salamanca 1977).

[5] D. Soelle, *Theology and Liberation,* en B. Smillie (ed.), *Political Theology in the Canadian Context* (Waterloo, Ont., 1982) 113.

[6] R. McAfee Brown, *The Holocaust as a Problem in Moral Choices,* en H. Cargas (ed.), *When God and Man Failed* (Filadelfia 1982) 81-102.

[7] F. Fiorenza, *Foundational Theology* (Nueva York 1984).

[8] M. Lamb, *Solidarity with Victims* (Nueva York 1982).

[9] Rosemary Ruether, *Liberation Theology* (Nueva York 1972) 65-94.

cia que el tema de la ideología crítica proceda de la teoría crítica de la Escuela de Francfort, la cual emprendió antes de la guerra una crítica del antisemitismo y, especialmente en los escritos de Adorno y Horkheimer [10], se atrevió a afrontar el juicio a la civilización implícito en el Holocausto. Fieles al reto del Holocausto, algunos pensadores cristianos e incluso algunas Iglesias han tomado partido por las víctimas de la sociedad y han examinado sinceramente la oculta complicidad del cristianismo con las fuerzas de opresión.

III. TEOLOGIA DE LA LIBERACION

En este contexto hemos de mencionar otro hecho histórico, de naturaleza totalmente diferente, que también ha ejercido un profundo efecto en la conciencia de la Iglesia cristiana. También él ha propuesto la doble exigencia: «hablad contra el mal social» y «examinad vuestra propia complicidad en ese mal social». El hecho a que me refiero es el derrumbamiento del imperialismo occidental. En el pasado, las Iglesias habían legitimado el gobierno de los imperios occidentales sobre otros pueblos y continentes, primero cuando tuvo lugar por medio de conquistas militares y explotaciones comerciales, después cuando fue ejercido por la extensión del sistema económico occidental. La Iglesia acompañó a la expansión colonial de las potencias occidentales para extender su misión e implantar comunidades cristianas en lejanos países. Ahora son precisamente las Iglesias de origen colonial las que acusan de complicidad a las Iglesias identificadas con el imperio. Las antiguas Iglesias coloniales ejercen ahora una misión con respecto a las Iglesias de Occidente. Gracias a su crítica, las Iglesias han descubierto hasta qué punto su mensaje, su piedad y sus instituciones han sido tergiversadas por la ideología colonialista.

Las Iglesias del Tercer Mundo luchan por un evangelio cristiano que exprese solidaridad con los pobres, los hambrientos y los desposeídos, con las masas que han sido privadas de su dignidad humana. Desean un evangelio que no esté aliado con los po-

[10] M. Horkheimer/T. Adorno, *Dialectic of Enlightenment* (Nueva York 1972) 168-208.

deres dominantes. La expresión más conocida de ese anhelo cristiano es la teología latinoamericana de la liberación. Teologías de liberación existen en todas las partes del mundo antes colonizado. Muchos elementos de esa teología han pasado a la enseñanza oficial de la Iglesia, especialmente en las conferencias de obispos latinoamericanos celebradas en Medellín (1968) y Puebla (1979). La llamada «opción preferencial por los pobres», la decisión de considerar la sociedad desde el punto de vista de las víctimas y de dar público testimonio de solidaridad con ellas ha sido integrada en la doctrina oficial de la Iglesia, incluso en el Vaticano [11].

Si bien se han producido impresionantes documentos eclesiásticos, todavía son poco los dirigentes y teólogos cristianos que los toman absolutamente en serio. Los cristianos de Occidente que se muestran más abiertos a la teología de la liberación y a la opción eclesial por los pobres son precisamente los que se han acercado a la ideología crítica y han sentido la necesidad de un testimonio público tras su angustioso encuentro con el Holocausto. Con un mismo argumento defienden el derecho de los pueblos colonizados a la autodeterminación y la existencia del Estado de Israel como lugar de refugio, hogar contra la muerte, para un pueblo perseguido. Las declaraciones públicas de las Iglesias cristianas en los Estados Unidos, incluida la Iglesia católica, afirman el derecho de Israel a existir dentro de unas fronteras seguras, y todas sin excepción piden al mismo tiempo que se reconozcan los derechos humanos a los palestinos, incluido el derecho a una patria [12]. Esta postura no carece de dificultades.

Numerosos dirigentes judíos en Norteamérica consideran inaceptable tal postura. Dicen que los cristianos no se han fijado suficientemente en el Holocausto: no han descubierto aún en sí mismos sus ocultos impulsos antijudíos, conservan prejuicios en

[11] Cf. G. Baum, *Faith and Liberation: Development since Vatican II*, en G. Fagin (ed.), *Vatican II: Open Questions and New Horizons* (Wilmington, De, 1984) 75-104.

[12] A. Solomonov, *Where We Stand: Official Statements of American Churches on the Middle East Conflict*, The Middle East Consulting Group, 339 Lafayette St., Nueva York, N. Y., 1977. Cf. también *The Middle East: The Pursuit of Peace with Justice*, National Conference of Catholic Bishops, Washington, D. C., 1978.

su crítica de Israel, y su defensa de los derechos palestinos es superficial porque olvida el peligro mortal en que se encuentran los judíos después del asesinato de seis millones. Hay, sin duda, cristianos que apoyan este punto de vista. Pero otros, no.

Algunos dirigentes religiosos judíos han expresado su perplejidad y a veces su desánimo ante la nueva postura política adoptada por las Iglesias al identificarse con los movimientos latinoamericanos de liberación, con los movimientos de protesta surgidos en el antiguo mundo colonial y con los pueblos indígenas y otros grupos oprimidos de Norteamérica. En algunos documentos eclesiásticos la nueva opción ha llevado a una crítica del sistema capitalista mundial, que promociona la libertad política y el bienestar material para un gran número de personas, pero ahonda el abismo entre países ricos y países pobres, es decir, crea dependencia y miseria en el Tercer Mundo e incluso produce crecientes bolsas de pobreza en los países industrializados de Occidente.

Emil Fackenheim, el gran pensador religioso judío que pone la respuesta al Holocausto en el centro de su filosofía y de su teología, ha adoptado recientemente una postura muy crítica ante la fe cristiana; no obstante, reconoce la continuidad entre la respuesta cristiana a Auschwitz y la aparición de la teología política y de la liberación [13]. Después de Auschwitz, dice, los cristianos ya no podían afirmar la plenitud de la redención en Jesucristo. Ante el Holocausto, los cristianos tendían hacia un nuevo sentido de irredención. Reconocían la ruptura de la Iglesia, anhelaban la paz y la justicia y ponían su esperanza en las promesas escatológicas. Los cristianos comenzaron a pensar más en consonancia con el anhelo judío tradicional por los días mesiánicos. El análisis de Fackenheim es convincente. John Pawlikowski ha llegado a hablar de una «rejudaización contemporánea del cristianismo», con lo cual se refiere a la aparición de un anhelo terreno y comunitario de que se cumplan las promesas divinas en la historia [14].

El lector habrá advertido que este artículo está escrito desde una perspectiva norteamericana. Además refleja mi dedicación a la formación teológica, primordialmente entre las clases medias blan-

[13] Emil Fackenheim, *To Mend the World* (Nueva York 1982) 285-286.
[14] John Pawlikowski, *Sinai and Calvary* (Beverly Hills, Ca., 1976) 222.

cas. Los grupos de gente oprimida, incluidos los cristianos oprimidos, tienden a ver el Holocausto de una manera muy diferente. Los negros de Sudáfrica, que sufren bajo el brutal sistema del *apartheid,* y los campesinos latinoamericanos de procedencia indígena, amenazados por una acción de genocidio, ven más bien en el Holocausto un símbolo culminante del funesto imperialismo que parece dispuesto a devorarlos.

Ni los negros de Sudáfrica ni los indígenas desposeídos de Latinoamérica figuran entre quienes perdieron su inocencia con un silencio culpable. Todos ellos estaban reducidos a la condición de masas sin voz. La predicación cristiana que habían recibido entrañaba una distorsión ideológica y a veces una carga antijudía; pero la fuerza de tal ideología se dirigía contra su propio grupo, los mantenía quietos en su puesto de servidumbre. Eventualmente habrá que corregir la dosis de antijudaísmo presente en tal predicación, pero la tarea urgente de los pueblos oprimidos es la lucha por liberarse del dominio del faraón y el ansia de liberación propia de todos los oprimidos. ¿Cómo reaccionarían ante el Holocausto los indígenas de Canadá si se les pidiera tal cosa? ¿Cómo reaccionan los cristianos palestinos? ¿Cómo los negros de los Estados Unidos? ¿Hasta qué punto se identifican los descendientes de los esclavos africanos con la civilización que esclavizó a sus padres? Me parece lógico que quienes son víctimas de una opresión vean el Holocausto como un acontecimiento terrible, como un signo histórico espantoso que simboliza hasta dónde pueden llegar los opresores para ejecutar sus planes. Somoza colocó napalm blanco entre su gente, en su propia ciudad.

La idea del Holocausto que tienen los oprimidos es muy parecida a la postura defendida por los filósofos de la Escuela de Francfort. Para Adorno y Horkheimer, Auschwitz no es una aberración derivada del progreso occidental, sino una exageración de las tendencias que operan actualmente en la civilización de Occidente, en las sociedades capitalistas y en el socialismo de Estado [15]. Auschwitz es una cruel muestra de la violencia inherente a la sociedad tecnológica, que lleva a la integración e identidad negando y, si es necesario, eliminando a los que no encajan en ella. Para

[15] Cf. M. Lamb, *Solidarity with Victims,* 38-39.

esos filósofos, Auschwitz encierra un juicio contra la sociedad positivista. Como Adorno y Horkheimer no son cristianos, no dudan en decirlo. Los teólogos cristianos no se atreven a hacer suya esta interpretación porque desfigura el papel que la tradición cristiana ha desempeñado en el Holocausto.

IV. ¿UN DOBLE CRITERIO?

La mayoría de los cristianos occidentales se hallan ante un angustioso dilema. Su encuentro con el Holocausto los ha llevado a una gran pesadumbre y arrepentimiento: reconocen que deben pronunciarse contra el mal social y examinar la complicidad de su Iglesia con ese mal. Desean proteger a los judíos dondequiera que se hallen en peligro. Pero, al mismo tiempo, esta nueva convicción los impulsa a escuchar las voces de todos los oprimidos. Las Iglesias cristianas de Norteamérica apoyan el derecho de Israel a existir dentro de unas fronteras seguras, a la vez que defienden los derechos humanos y la autodeterminación de los palestinos. En esta perspectiva se requiere un amplio debate sobre la política de compromiso.

Muchos pensadores judíos de Norteamérica han censurado la crítica cristiana de Israel. Han afirmado que los cristianos tienden a aplicar un «doble criterio» al evaluar la política israelí. Juzgan la política de Israel con el elevado criterio de la Biblia, mientras que juzgan la política de las naciones y organizaciones árabes con criterios puramente seculares, definidos por la *Realpolitik* del mundo. Los cristianos pueden pensar que hacen un favor a los judíos cuando consideran el Estado de Israel como una realidad religiosa, bíblica; pero su uso de un doble criterio va de hecho contra Israel y puede ocultar un inconfesado y secreto resentimiento antisemita. Incluso una total imparcialidad va en detrimento de Israel, se dice, porque no reconoce suficientemente el peligro en que se encuentran hoy el Estado y el pueblo judío.

Esta acusación es válida sin duda para ciertas críticas de Israel y de la política israelí, pero no para todas. En particular, los cristianos que han reaccionado ante el Holocausto de la manera descrita en estas páginas se sienten incómodos ante el hecho de que su postura hacia Israel esté determinada por un «doble criterio» ético totalmente diferente. Sienten remordimiento porque no aplican a la política israelí las normas con que juzgan a su propio gobierno. Cuando su gobierno vende armas a los dictadores latinoamericanos o estrecha sus lazos con Sudáfrica, esos cristianos expresan su protesta y se unen a grupos de presión para lograr que el gobierno cambie de intención; sin embargo, cuando leen en la prensa que el gobierno israelí adopta una política semejante, tienden a guardar silencio. Los cristianos de Estados Unidos y Canadá han apoyado recientemente la lucha de los pueblos indígenas para conseguir los derechos humanos y han reconocido sus reivindicaciones de tierras; sin embargo, esos mismos cristianos no se deciden a hablar en favor de los palestinos desheredados. ¿Acaso la discontinuidad producida por el Holocausto exige vivir con esa incomodidad de conciencia? ¿Es un deseo de continuidad inauténtica buscar principios éticos que persigan la universalidad?

Añadamos que un número cada vez mayor de judíos norteamericanos se sienten igualmente incómodos ante esa especie de «doble criterio». También ellos desean entablar un amplio debate ético. Aun cuando los cristianos puedan no sentirse libres para unirse a esa discusión, desean seguirla y aprender de ella.

El rabino Arthur Hertzberg, importante portavoz del judaísmo progresista en los Estados Unidos, ha presentado un interesante argumento ético para justificar ese doble criterio. Recomienda que apliquemos a Israel la política que el lenguaje legal contemporáneo de los Estados Unidos denomina «acción afirmativa» [16]. Esta acción afirmativa es una medida política destinada a rectificar viejas injusticias y discriminaciones sociales. Para corregir la exclusión que han padecido los estadounidenses negros o mexicanos (o las mujeres) ante las oportunidades de participar y abrirse camino en las instituciones americanas, incluida la política, la universidad, el comercio y la industria, la legislación en pro de la acción afirmativa pide que tales instituciones contraten preferentemente a esas personas antes excluidas, si bien esto puede significar cierta injusticia para los candidatos corrientes que estén me-

[16] *Proceedings of the 5th National Workshop on Jewish-Christian Relations* (Texas 1980) cintas grabadas.

jor preparados para el puesto en cuestión. Para rectificar un grave mal histórico, la acción afirmativa permite que se ocasione a los individuos ciertas formas menores de injusticia. Es lógico y justo, dice el rabino Hertzberg, que Occidente aplique la «acción afirmativa» a Israel. Pero añade inmediatamente que tal acción tiene unos límites éticos. ¿Hasta dónde debe aplicarse? ¿Qué magnitud pueden tener las injusticias tolerables?

V. EN BUSCA DE UNA POLITICA GENERAL

Tales temas éticos se debaten actualmente en Israel. Una organización israelí, *Oz ve Shalom* —movimiento de los sionistas religiosos en favor de la «fortaleza y la paz»— ha introducido esta discusión en el seno de la ortodoxia judía [17]. Sus miembros anuncian: «Ciudadanos de Israel, nosotros somos quienes debemos decidir lo que queremos». Y plantean las siguientes preguntas: «¿Un Estado judío, gobernado por valores bíblicos, leyes justas y medidas razonables, *o* un Estado prisión, caracterizado por el patrioterismo, la injusticia institucionalizada y la xenofobia? ¿Una sociedad democrática, floreciente dentro de unas fronteras pequeñas, donde la minoría árabe disfrute de plena dignidad y derechos humanos, *o* toda la Eretz Yisrael al precio de reprimir las libertades políticas de un millón de árabes palestinos? ¿El dominio sobre nuestro destino colectivo en armonía con nuestros vecinos *o* la dependencia de los Estados Unidos en materia de armas y dinero necesarios para hacer la guerra? ¿El mutuo reconocimiento y la coexistencia entre israelíes y palestinos *o* la escalada de destrucción y la pérdida de la vida?»

En Norteamérica está ahora comenzando este debate ético en la comunidad judía. Debido a que ha llegado tan tarde, algunos escritores judíos piden con gran vehemencia que se vuelva a la reflexión ética. Y no me refiero en este contexto a autores judíos como Noam Chomsky y T. F. Stone, que siempre se han mostrado críticos con el sionismo y se han excluido del trato con la comu-

[17] *Oz ve Shalom* (P. O. Box 4433, Jerusalén, Israel 91043), boletín en lengua inglesa, n.º 2 (noviembre 1982).

nidad judía. Me refiero a judíos que son entusiastas de Israel y, en cuanto tales, piden un debate ético sobre una política que supere el doble criterio. El rabino Reuben Slonim, sionista canadiense, ha criticado siempre la política israelí y ha defendido los derechos de los palestinos sobre una base ética judía. Gracias a una reciente publicación, este autor ha adquirido gran relieve en la comunidad judía [18]. El novelista judío Earl Shorris ha publicado un libro, *Judíos sin piedad. Un lamento* [19], en el que afirma que la religión judía ha invocado siempre la justicia y la piedad, y se lamenta de que un importante sector de la comunidad judía norteamericana tienda hacia la derecha política, adopte posturas sociales contrarias a la justicia y la piedad y se alíe con fuerzas análogas del Estado de Israel. Lo que él propone es un debate ético sobre una política general. Otro autor judío, Arthur Waskow, también amante de Israel, lucha por resucitar la corriente mesiánica de la religión judía [20]. También él propone un debate ético y crítico sobre bases religiosas judías. Algunos autores no religiosos, pero fieles a la tradición ética judía, han lanzado recientemente cálidas protestas. R. S. Feuerlicht, en *El sino de los judíos* [21], acusa a la comunidad judía de haber abandonado la mentalidad ética en favor de una lealtad ciega al gobierno israelí y, por tanto, de hacerse responsable de la dirección política tomada por este gobierno, la cual últimamente resulta ser autodestructiva. Muchas de esas voces críticas, religiosas o no, se reúnen en una organización de origen reciente, la New Jewish Agenda.

En la bibliografía religiosa judía, el debate sobre las exigencias éticas se ha centrado en la respuesta que debe darse a la experiencia del Holocausto. Para los pensadores religiosos judíos, el Holocausto tiene una singularidad insoslayable, un carácter único que marcará la conciencia judía para siempre. Tales personas rechazan la postura sociológica que tiende a comparar el Holocausto con otros crímenes masivos de la historia —otros genocidios, bom-

[18] R. Slonim, *Grand to Be an Orphan* (Toronto 1983).

[19] E. Shorris, *Jews without Mercy. A Lament* (Garden City 1982).

[20] A. Waskow, *These Holy Sparks: The Rebirth of the Jewish People* (San Francisco 1983).

[21] R. S. Feuerlicht, *The Fate of the Jews: A People Torn Between Israeli Power and Jewish Ethics* (Nueva York 1983).

bardeos en gran escala, hambres planeadas—, como si el Holocausto fuera un sumando más en una lista de horrores. Los pensadores judíos rechazan esa postura como un intento de disimular la fuerza absolutamente demoníaca que se reveló en el Holocausto y disminuir la responsabilidad occidental en tal hecho. Para todos los autores religiosos judíos, el clamor que llega del Holocausto está gritando: ¡Que no se repita! Para algunos eso significa que el pueblo judío no vuelva a ser humillado y destruido; para otros, que ni el pueblo judío ni ningún otro pueblo vuelva a ser humillado y destruido. La diferencia entre ambos grupos es considerable [22]. Los del último dicen que la incomparable e insoslayable singularidad del Holocausto da lugar a una respuesta judía que tiene implicaciones universales y proporciona criterios éticos para una política general. En cambio, los autores religiosos judíos para quienes el grito «¡que no se repita!» se refiere exclusivamente al futuro del pueblo judío tienden a guardar silencio ante una serie de acuciantes problemas contemporáneos, como son la carrera de armas nucleares, el hambre en el mundo, los genocidios de grupos nativos en América Latina, el *apartheid* en Sudáfrica, etc.

El filósofo Emil Fackenheim no ha resuelto su propia ambigüedad en este punto. Subraya que no se debe relativizar el Holocausto y que los judíos deben oponerse a una postura ética universalista que debilite su tenaz y leal lucha por la supervivencia. No le corre prisa tomar parte en los debates éticos sobre temas como la guerra nuclear, el hambre en el mundo o las dictaduras militares. Fiel a las exigencias del Holocausto, tiende a juzgar los hechos históricos de acuerdo con el efecto que producen en la seguridad de Israel y del pueblo judío. Pero, al mismo tiempo, designa repetidas veces el presente como la «edad de Auschwitz y de Hiroshima». En un emocionante pasaje declara que los judíos no pueden decir a los cómplices ni a los espectadores silenciosos: «No caiga sobre vosotros el horror que nosotros hemos padecido»; pero sí «pueden y deben decírselo a aquellos sobre quienes ha caído eso mismo o algo semejante: a los niños africanos que padecen hambre, a los que trabajan como esclavos en los *gulags,* a la gente que en un bote vaga por el mar» [23]. Aquí Fackenheim

[22] G. Baum, *The Social Imperative* (Nueva York 1979) 39-69.

[23] E. Fackenheim, *op. cit.,* 306.

no cree que hablar de «eso mismo o algo semejante» signifique una relativización del Holocausto. Por el contrario, éste es, a su juicio, un punto de partida para una reflexión ética más universal.

En los últimos años algunos autores judíos se han interesado particularmente por el abuso del lenguaje relativo al Holocausto. Temen que ciertos temas políticos de nuestro tiempo se solucionen a menudo no mediante un debate racional sobre ética y estrategia, sino recordando el Holocausto y reaccionando ante el presente como si fuera el pasado. Semejante abuso ha alcanzado grandes dimensiones. La prensa occidental ha descrito con frecuencia la ocupación israelí de la ribera occidental del Jordán y la más reciente invasión israelí del Líbano con términos tomados de la agresión nazi durante la segunda guerra mundial, lo cual supondría que los judíos se han comportado como los nazis que los persiguieron.

Contra esto se han alzado voces judías y también cristianas. Pero el hecho es que también en el Estado de Israel se da la misma desafortunada tendencia. Menajem Beguín ha dado el tono. En su declaración pública durante el verano de 1982, Beirut vino a ser «Berlín», y la campaña militar de este político intentaba destruir a «Hitler» en su «profundo búnker subterráneo» [24]. Durante la guerra del Líbano, el debate se deterioró en el mismo Israel hasta utilizar un lenguaje que evocaba recuerdos nazis. En los ataques del partido Likud, favorable a Beguín, contra el movimiento «Paz Ahora», el manifestante pacifista muerto Emil Grunzweig fue comparado con Horst Wessel, un miembro de la Juventud Hitleriana asesinado por los comunistas que fue convertido en mártir del movimiento nazi. También los adversarios del gobierno de Beguín emplearon en ocasiones analogías tomadas de los nazis. Así, algunos se oponían a los asentamientos judíos en la ribera occidental del Jordán diciendo que eso creaba una democracia de *Herrenvolk* [25]. En Jerusalén y en Tel Aviv algunos militares sefardíes o grupos ultraortodoxos llegaron a pintar esvásticas en las paredes de las casas como protesta contra la política israelí [26].

[24] M. R. Marrus, *Is there an New Antisemitismus?*: «Middle East Focus», vol. 6, n.º 4 (noviembre 1983) 14.

[25] *Ibíd.*

[26] *Ibíd.*

En respuesta a tales abusos, Abba Eban ha insistido en que, como el Holocausto es un hecho absolutamente único, no es lícito utilizar analogías tomadas de este hecho en debates que se refieren a política actual. «Bajo el mandato de Beguín, las relaciones de Israel con otros países han dejado de ser consideradas como semejantes a otras relaciones internacionales, tanto en lo relativo a la cooperación como en lo relativo a la oposición o la confrontación. Con Beguín y su cohorte, todo enemigo es un 'nazi' y todo revés es un 'Auschwitz'» [27]. Otras voces judías han lamentado que el lenguaje del Holocausto se utilice para justificar hoy medidas políticas. Nathan Goldmann, antiguo presidente del Congreso Judío Mundial y de la Organización Sionista Mundial, dijo que «el uso del Holocausto como argumento para justificar medidas políticamente dudosas y moralmente insostenibles es una especie de *hillul hasham,* una trivialización del Holocausto» [28]. Abba Eban ha pedido que se deje de emplear el lenguaje del Holocausto en el ámbito político.

Algunos pensadores religiosos de Israel se han preguntado si el Holocausto debe figurar realmente en el centro de la teología judía. Si bien el asesinato de seis millones de personas no debe nunca olvidarse ni desaparecer de la conciencia judía, el Holocausto no puede ser el fundamento de una revitalización religiosa del judaísmo [29]. Un punto de vista parecido ha sido defendido por diversos pensadores judíos de los Estados Unidos y Gran Bretaña [30]. El Holocausto no procura la inspiración y el compromiso ético que un pueblo necesita para definir su identidad colectiva y su futuro histórico. La renovación religiosa judía debe fundarse en la experiencia del Monte Sinaí, en la alianza de Dios con el pueblo de Israel. Los judíos que asignan al Holocausto un puesto central dicen que este acontecimiento, incomparablemente malo, ha introducido una discontinuidad en la historia humana y que es

[27] *Ibíd.,* 15-16.

[28] R. Slonim, *op. cit.,* 152.

[29] David Hartman, *Auschwitz or Sinai?:* «The Jerusalem Post» (12 de octubre de 1982). Cf. «The Ecumenist» 21/1, pp. 6-8.

[30] Jacob Neusner, *Stranger at Home: The Holocaust, Zionism and American Judaism* (Chicago 1981); Dow Marmur, *Beyond Survival. Reflections on the Future of Judaism* (Londres 1982).

ilusorio e incluso peligroso para los judíos aspirar a una religión ética con sentido universal como si nada hubiera sucedido.

¿Qué significa para los judíos y para los cristianos la discontinuidad producida por el Holocausto? ¿Existen continuidades que deben ser defendidas contra rupturas inadecuadas? Los cristianos se hallan hoy entregados a un debate teológico sobre la relación entre la fe bíblica y la política general. A mi juicio, los pensadores religiosos judíos se encaminan hacia un debate semejante entre ellos. ¿Podemos decir que judíos y cristianos tienen una razón más para ser hermanos porque en sus propias comunidades luchan con problemas semejantes?

G. BAUM

[Traducción: A. DE LA FUENTE]

EL HOLOCAUSTO
Y
LA CRISTOLOGIA CONTEMPORANEA

Cualquiera que esté mínimamente familiarizado con la orientación del pensamiento judío contemporáneo puede caer en la cuenta de que el Holocausto nazi tiene una importante repercusión en las reflexiones sobre la actual identidad religiosa del pueblo judío. Existen ciertamente importantes diferencias incluso entre escritores como Irving Greenberg, Emil Feckenheim, Richard Rubenstein, Arthur Cohen y Elie Wiesel, por mencionar sólo algunos.

Otros escritores judíos más ortodoxos como Michael Wyschograd no creen posible llevar la discusión teológica sobre el Holocausto más allá de la categoría tradicional del mal, si bien admiten que la monstruosidad de Auschwitz está a punto de romper los parámetros de esta categoría. Teólogos no ortodoxos y algunos que se sitúan en la frontera de la ortodoxia judía contemporánea, como Irving Greenberg, reivindican cierta reformulación de la fe después del Holocausto. Recientemente, en círculos no ortodoxos han comenzado a surgir algunos desafíos a la centralidad teológica del Holocausto. En un reciente libro, Borowitz defiende que el Holocausto debe ser reinsertado en un horizonte más amplio: el sentido permanente de la presencia del Dios de la alianza y su relación con la autonomía personal en la expresión de la fe [1]. El define la autonomía personal como la realidad en torno a la cual hay que situar hoy la reflexión teológica judía.

Sin duda, el debate en torno al sentido teológico del Holocausto continuará todavía durante algún tiempo. Se trata de un debate que los teólogos cristianos deberán seguir de cerca. Personalmente mantengo la tesis de que el Holocausto, como ha dicho Irving Greenberg, es un «acontecimiento orientador» para la teología contemporánea. El resto de esta reivindicación de Borowitz y

[1] E. Borowitz, *Choices in Modern Jewish Thought: A Partisan Guide* (Nueva York 1983).

otros, aunque suscite algunas cuestiones críticas que no es posible dejar de lado, guarda una íntima conexión con la relación entre teología e historia y afecta profundamente a la vinculación existente entre la «autonomía personal» y Auschwitz.

Volviendo a la significación del Holocausto para la reflexión teológica cristiana, parece imponerse una realidad: dada la importancia que la cristología tiene para la expresión de la fe cristiana, si el Holocausto no afecta a esta dimensión de la fe difícilmente puede ser calificado de «acontecimiento orientador».

Con todo, son muy pocos los teólogos sistemáticos que lo han tenido en cuenta. Eva Fleischner ha denunciado este silencio del Holocausto en la teología sistemática elaborada después de Auschwitz, particularmente en Alemania [2]. Sólo unos pocos han hablado con auténtica sensibilidad de los sufrimientos judíos a manos de los nazis. Hans Küng es un ejemplo. Pero esta preocupación ha tenido poca o ninguna repercusión en las formulaciones teológicas fundamentales. El Holocausto no es mencionado en las discusiones cristológicas de los teólogos de la liberación, a pesar de la insistencia de Gutiérrez y Bonino en la conexión existente entre la tradición de alianza del Exodo, conservada en las Escrituras hebreas, y el carácter central de la libertad en el acontecimiento cristiano.

Recientemente algunos teólogos cristianos han comenzado a tratar de las dimensiones teológicas de Auschwitz. La mayoría de ellos considera que sus implicaciones afectan especialmente a la cristología. En este grupo se cuentan Franklin Sherman, Marcel Dubois, Gregory Baum, David Tracy, Douglas J. Hall, Clamens Thoma y en particular Jürgen Moltmann, cuya obra *El Dios crucificado* [3] representa el primer intento global de introducir con absoluta seriedad la experiencia del Holocausto en la reflexión cristológica. La mayor parte de los estudios que comenzaron a relacionar el Holocausto con la cristología lo hacían desde la perspectiva dolorista del motivo de la cruz. Volveremos más adelante sobre este tema.

[2] E. Fleischner, *Judaism in German Christian Theology since 1945* (Metuchen, N. J., 1975).

[3] J. Moltmann, *El Dios crucificado* (Salamanca ²1977).

En el contexto de los actuales desarrollos de la teología del Holocausto, tanto por parte judía como por parte cristiana, trataré de proponer un posible modelo de la conexión existente entre Auschwitz y el acontecimiento de Cristo. Para ello, expondré brevemente mi punto de vista general sobre las implicaciones del Holocausto para la teología.

Estudiosos como el historiador judío Uriel Tal me han persuadido de que el Holocausto es mucho más que la última consecuencia, por horrible que sea, de la larga y trágica historia del antisemitismo cristiano. No se trata solamente de que el antisemitismo cristiano constituyera el indispensable punto de apoyo para que el nazismo convirtiera a los judíos en las principales y primeras víctimas de su atentado contra la humanidad. También estaba implicado en el Holocausto el plan de crear una «nueva persona», un «superhombre», en un contexto social que recurría a la competencia tecnológica combinada con la eficacia burocrática y la erosión de los motivos religiosos tradicionales de la conducta humana para abrir las puertas a un uso del poder de configuración de la sociedad, e incluso de la persona, virtualmente ilimitado y moralmente incontrovertible. Aunque en sus primeros ataques a los judíos los nazis utilizaron de algún modo a las Iglesias cristianas y a algunos de sus jerarcas, su filosofía era en el fondo tan decididamente anticristiana como antijudía. En su calculado plan genocida para «renovar» a la humanidad incluyeron el exterminio de vagabundos, gitanos, deficientes físicos y mentales, y también el sometimiento de los eslavos, particularmente la nación polaca.

El reto que esto supone para la integridad humana, al igual que para la noción de un Dios amoroso y providente, asume enormes proporciones cuando consideramos que precisamente uno de los pueblos más cultos de la sociedad aparentemente más avanzada de la humanidad fue el que dio lugar a este «progreso social». Auschwitz no fue simplemente la creación de unos locos delirantes o unos dictadores políticos. Leo Kuper interpreta correctamente este componente, particularmente siniestro, del Holocausto cuando escribe: «Existió una organización estrictamente burocrática del genocidio. Este fue uno de sus aspectos más deshumanizadores... Pero el uso de una planificación, procedimiento y regulación burocrática para una operación masiva de exterminio en todo un continente lleva consigo un grado de deshumanización casi inconcebible» [4].

Auschwitz inaugura una nueva era con respecto a las posibilidades humanas. Los responsables del Holocausto se sitúan en la parte destructora de estas posibilidades. Ellos desafiaron muchas de las nociones tradicionales de la teología cristiana que habían regulado hasta entonces la conducta de los hombres. Pero no sin antes sobrepasar otras barreras en la utilización de la fuerza y la ingenuidad humanas. Así demostraron sin lugar a dudas que los conceptos religiosos, sin excluir el de Dios, que desde los tiempos bíblicos habían dominado la conciencia humana estaban perdiendo su influencia.

La realidad fundamental que se desprende de mi estudio del tema del Holocausto es el nuevo sentido humano de la libertad que aparece en todos los teóricos nazis. Los nazis atestiguan correctamente la experiencia humana moderna, al menos en un aspecto crucial. Ellos se dieron perfecta cuenta de que en la conciencia humana se estaban operando cambios profundos. Bajo el impacto de la nueva ciencia y la nueva tecnología, la comunidad humana estaba comenzando a sufrir una transformación que podría ser descrita, incluso a escala de masas, con la imagen de «Prometeo desencadenado».

Se estaba comenzando a formar un poder y una autonomía del hombre de proporciones muy superiores a lo que la teología cristiana había permitido hasta entonces. Precisamente por esto, la afirmación de Borowitz de que la autonomía personal es uno de los problemas que deben ocupar el centro de la actual reflexión teológica sobre el Holocausto no tiene en cuenta un aspecto de vital importancia. Personalmente creo que la autonomía humana es el principal tema teológico que es preciso destacar de la reflexión sobre la experiencia de Auschwitz.

En la concepción nazi existía en aquel momento la posibilidad de remodelar la sociedad humana, y quizás la humanidad misma, en un grado que hasta entonces ni siquiera podía ser imaginado. Esta nueva posibilidad creaba una nueva responsabilidad de libe-

[4] L. Kuper, *Genocide: its Political Use in the Twentieth Century* (New Haven, C. T., 1982) 120.

rar a los hombres de los «corruptores» de la auténtica humanidad, del desecho de la sociedad, tal como eran arbitrariamente calificados por la *raza superior.*

Se empezaba a utilizar la muerte como medio de resolver los problemas de la existencia humana. Como ha dicho Uriel Tal, se pensaba que la «solución final» resolvería la crisis universal del hombre. Tal solución intentaba una total transformación de los valores humanos mediante la liberación de las «ataduras» de la idea histórica de Dios junto con sus nociones afines, como responsabilidad moral, redención, pecado y revelación.

A la luz del Holocausto y otros casos semejantes de empleo brutal del poder, el cristianismo contemporáneo se halla ante el compromiso de buscar caminos para afirmar un nuevo sentido de la libertad, que ya comienza a alborear en la humanidad, pero que debe ser conducido hacia soluciones constructivas.

Después del Holocausto, la expresión de la fe cristiana debe reconocer y aceptar plenamente el desarrollo de este nuevo sentido de la liberación y elevación humanas como una parte positiva y central del proceso de la salvación del hombre. Pero este nuevo sentido de la libertad humana no puede basarse en un sentimiento de necesidad provocado por la experiencia nazi. El reto al que se enfrenta el cristianismo consiste en proporcionar una concepción y una experiencia de las relaciones entre Dios y el hombre que tengan la fuerza de impulsar de un modo creador y constructivo estas energías liberadoras recientemente redescubiertas. De algún modo, el encuentro y la expresión de la fe deben hallarse actualmente en condiciones de evitar que esta nueva fuerza creadora de la humanidad sea de nuevo transformada en esa fuerza destructora que manifestó todo su horror en el Holocausto.

Para que esto sea posible en sus múltiples formas debemos recuperar un fresco sentido de la trascendencia. Hombres y mujeres hemos de experimentar una vez más el contacto con una fuerza personal más allá de nosotros mismos, una fuerza que cure los instintos destructores que todavía anidan en la humanidad. El Holocausto ha acabado con la idea simplista de un «Dios que impone». En este punto me encuentro personalmente más cercano a Irving Greenberg y Arthur Cohen que a Eugen Borowitz, quien todavía sigue empleando el lenguaje del «Dios que impone». Pero el Holocausto no nos permite estar del todo de acuerdo con las posiciones mencionadas ni con la más radical de Richard Rubenstein. El afirma que necesitamos desesperadamente conservar la idea de un «Dios que impulsa», en el sentido de que hemos experimentado, a través de nuestro encuentro simbólico con ese Dios, una curación, fortalecimiento y afirmación que eliminan cualquier necesidad de afirmar nuestra humanidad mediante el uso destructor, e incluso mortal, de la fuerza humana. Se trata de un Dios en el que estamos sumergidos, más que de un Dios que se impone. Esta idea de un Dios Padre que *impulsa,* que ha concedido sus dones a la humanidad, que se acerca a nuestra vulnerabilidad en la cruz, es el fundamento adecuado del verdadero sentido moral en la sociedad contemporánea.

Me parece que no es posible una discusión significativa sobre el impacto del Holocausto en la cristología si no partimos de la conexión Auschwitz-Dios. En este sentido es perfectamente correcta la siguiente observación de David Tracy: «Tengo la impresión de que el problema teológico más radical, el de la idea que tenemos de Dios, debe ser seriamente replanteado en la reflexión teológica cristiana. Como subrayaba Schleiermacher en su tiempo, la doctrina sobre Dios no es para la teología «una doctrina más», sino que debe estar presente en todas las otras. En este sentido, las reflexiones de la teología judía sobre la realidad de Dios a partir del *horror* del Holocausto trazan el camino de toda reflexión teológica seria [5].

Toda discusión cristológica seria debe relacionar directamente el acontecimiento de Cristo con el problema de Dios originado por la experiencia del Holocausto. Esta relación, tal como ha sido tratada hasta ahora, se centraba en la cruz y sus conexiones con los sufrimientos del pueblo judío. El moralista luterano Franklin Sherman ha visto en la cruz de Cristo «el símbolo del Dios agonizante». Para Sherman, la única teodicea legítima que cabe descubrir a la luz del Holocausto es la que ve en el acontecimiento de Cristo la revelación de la participación divina en los sufrimien-

[5] D. Tracy, *Religious Values after the Holocaust: A Catholic View,* en Abraham J. Peck (ed.), *Jews and Christians after the Holocaust* (Filadelfia 1982) 101.

tos de un pueblo que debe a su vez tomar parte en los sufrimientos de Dios: «Después de Auschwitz, sólo podemos hablar de Dios como de alguien que nos llama a una nueva unidad de hermanos, que no sólo incluye *también* la de judíos y cristianos, sino que la incluye de un modo especial» [6].

Douglas Hall desarrolla un concepto semejante. Después del Holocausto, sólo la teología de la cruz expresa el sentido pleno de la encarnación. Unicamente este énfasis cristológico establece de verdad el auténtico vínculo divino-humano implicado en la Palabra hecha carne, ya que subraya la solidaridad de Dios con la humanidad sufriente. Integrada en la experiencia del Holocausto, la cristología que se centra en la cruz da lugar a una soteriología de solidaridad que hace emerger la cruz de Jesús como un punto de encuentro fraterno con el pueblo judío y con todos los que buscan la liberación humana y la paz, y no como un punto de exclusión: «La fe de Israel resulta incomprensible si no se descubre en el corazón de la misma un Dios sufriente cuya solidaridad con los hombres es tan abismal que 'la cruz en el corazón de Dios' (H. Wheeler Robinson) se ve encarnada constantemente en la historia. Como cristianos, podemos observar que las obras de Elie Wiesel llevan indeleblemente gravado el sello del pueblo de Israel» [7].

Hasta ahora, el tratamiento más completo de la relación cristología-Holocausto es el de los escritos de Jürgen Moltmann, especialmente *El Dios crucificado.* Para él, Auschwitz es la más dramática revelación del sentido fundamental del acontecimiento de Cristo: Dios puede salvar a los pueblos, incluido Israel, porque en la cruz participa de sus sufrimientos concretos. Según Moltmann, después del Holocausto la mera especulación teológica se convierte en una tarea estéril: «... si el *shemá Israel* y el padrenuestro no hubieran sido rezados en Auschwitz, Dios mismo no habría estado en Auschwitz sufriendo con los martirizados y asesinados. Cualquier otra respuesta resulta blasfema. Un Dios abso-

[6] F. Sherman, *Speaking of God after Auschwitz:* «Worldview» 17, 9 (1974) 29; íd., sobre el mismo tema, en Paul D. Opsahl y Marc H. Tanenbaum (eds.), *Speaking of God Today* (Filadelfia 1974).

[7] D. Hall, *Rethinking Christ,* en Alan T. Davies (ed.), *Antisemitism and the Foundations of Christianity* (Nueva York 1979) 183.

luto nos resultaría indiferente. El Dios de la acción y del éxito nos haría olvidar esa muerte que está todavía demasiado presente. Un Dios insignificante convertiría el mundo entero en un campo de concentración» [8].

Moltmann añade que la teología de la «vulnerabilidad divina» a la que da lugar la reflexión sobre el *shoah,* término con el que los círculos judíos suelen designar el Holocausto, hunde sus profundas raíces tanto en la teología rabínica como en la idea de Abraham Heschel del *pathos divino.*

La teología de la vulnerabilidad divina supone un importante punto de partida para una cristología después del Holocausto. Por un lado, establece una íntima conexión entre la cristología y el problema teológico fundamental, el de Dios. Por otro, deja totalmente abierta la cuestión de la doble responsabilidad, divina y humana, durante el Holocausto. Como ha subrayado la intérprete del holocausto Elie Wiesel, con demasiada frecuencia la responsabilidad ha sido cargada exclusivamente sobre Dios. Hay que afirmar con toda claridad que el Holocausto es también un reto para todo intento simplista de interpretar positivamente las posibilidades humanas. En la teología del Holocausto, el énfasis en la cruz nos descubre que Dios tiene que pagar un precio por la libertad concedida a los hombres en el momento inicial de la creación. Dios tiene que sufrir cuando el hombre abusa de su libertad de un modo tan desmesurado como en el Holocausto.

Pero existen ciertos aspectos de la teología del Holocausto centrados en la cruz, que no dejan de producir intranquilidad en la sensibilidad cristiana. Ante la notable complicidad de muchos cristianos en el experimento nazi hay que preguntarse hasta qué punto es correcto establecer una conexión entre la teología de la cruz y la experiencia de Auschwitz. A. Roy Eckardt es particularmente duro en este punto cuando objeta que hacer una aproximación semejante tiene tonos de blasfemia. Piensa este autor que la muerte de Jesús es en cierto sentido irrelevante cuando se la compara con determinados sufrimientos de la humanidad. Otro peligro que él encuentra en una cristología que, después del Holocausto, se centre en la cruz es que puede dar lugar a un plan extremada-

[8] J. Moltmann, *The Crucified God:* «Theology Today» 31, 1 (1974) 9.

mente pobre para configurar la existencia humana en aquel contexto religioso que podría haber culminado en la aniquilación tanto de los judíos como de los cristianos [9]. Además, la teología ha considerado el acontecimiento de la cruz como un acto voluntario de Dios y de Jesús; la cruz puede ser interpretada como redentora si se la considera como culminación y consecuencia del ministerio activo de Jesús. Auschwitz no fue en modo alguno un acto voluntario ni un acto redentor. Finalmente se han formulado ciertas dudas acerca de si la teología del sufrimiento divino desarrollada en el contexto religioso judío tiene algo que ver con la teología del Holocausto basada en la cruz, como sostienen Moltmann y Sherman.

Eckardt ha exagerado su crítica de la teología de la cruz después del Holocausto, aunque haya que tomar en serio algunas de sus objeciones. La respuesta consiste en integrar las perspectivas presentadas por Moltmann, Sherman, Hall y otros en una visión cristológica más amplia. Esta es la visión que yo mismo he tratado de esbozar en mi libro sobre Cristo en la perspectiva del diálogo judío-cristiano [10]. Se centra en la concepción de que la realidad de la encarnación, la Palabra hecha carne, es un acontecimiento más central para la cristología que cualquier aspiración a un cumplimiento mesiánico.

Si comprendemos el ministerio de Jesús como una consecuencia del sentido de la intimidad divino-humana que afloró en la revolución farisea del judaísmo del segundo templo, las afirmaciones cristológicas de la Iglesia sobre este ministerio trataron de expresar un nuevo sentido de la profundidad con que nos incluimos los hombres en la autodefinición divina. El sentido último de esta cristología se encuentra en su revelación de la grandeza de la humanidad, lo que constituye un correctivo necesario del exagerado paternalismo que con frecuencia ha caracterizado la relación divino-humana.

Personalmente creo que el temor y el paternalismo que en

[9] A. Roy Eckard, *Christians and Jews: Along a Theological Frontier:* «Encounter» 40, 2 (1979) 102.

[10] J. Pawlikowski, *Christ in the Light of the Christian-Jewish Dialogue* (Ramsey, N. J., 1982).

otro tiempo acompañaban la afirmación de las relaciones divino-humanas son parcialmente responsables del intento nazi de producir una inversión radical de la conciencia humana —según el análisis de Uriel Tal— y de reemplazar al Dios creador. Una cristología de la encarnación puede ayudar a los hombres a comprender que sus vidas están cobijadas en la misma vida y existencia de Dios. Los hombres seguimos siendo criaturas: no podemos superar el abismo que existe entre la humanidad tal como existe en los pueblos y la humanidad que está en la mente de Dios. Sin embargo, no cabe duda de que hay una relación directa entre ambas: las dos humanidades pueden encontrarse. La lucha humana por una identidad en presencia del Dios creador ha alcanzado fundamentalmente su fin, aunque todavía esté pendiente de realización. En este sentido podemos decir con verdad que Cristo sigue proporcionando a los hombres la salvación en su significado más radical de *plenitud*.

El acontecimiento de Cristo, correctamente interpretado, puede sanar a hombres y mujeres, ayudándoles a superar el pecado original del orgullo y el deseo de suplantar el poder y la condición del Creador, cosas que han sido la causa profunda del Holocausto. Esta conciencia crítica se manifiesta en la limitación que Dios se impuso a sí mismo en la cruz. En este punto, la teología de Moltmann, aunque incompleta, resulta absolutamente decisiva. En Cristo podemos descubrir que nuestro destino es eterno en cuanto individuos singulares. Al fin, Dios no nos va a absorber totalmente en su ser divino. Se ha mostrado que Dios debe permitir que hombres y mujeres alcancen este grado de independencia eterna y una libertad de acción que les posibilite una realización plena; sólo de ese modo llegará a ser plenamente Dios. Incidentalmente podemos decir que este punto de vista halla ecos en la literatura mística judía, la cual habla de que Dios, en su decisión creadora, se impone limitaciones a sí mismo.

Lo que aquí intento dejar claro es que el Holocausto representa al mismo tiempo la expresión última de la libertad humana y la expresión última del mal: ambas cosas se hallan íntimamente ligadas. El acto original de la creación constituyó para la humanidad la liberación de su total ocultamiento en la mente de Dios. El Dios creador comprendió que era necesario liberar parte de la humanidad divina como condición para desarrollar parte de la fuerza divina creadora. Pero esa parte de la humanidad de Dios que así alcanzó una existencia independiente se hallaba ante la tarea de realizar su propia identidad. A veces surgía un fuerte deseo de suplantar al Creador. Aquí es donde hunde sus raíces el mal humano. De todos modos, hasta la época moderna el miedo del castigo divino pudo contener este deseo. Todo esto cambió radicalmente con la Ilustración, con Nietzsche y con otros movimientos. Se comenzó a perder el miedo a la retribución divina, que en otro tiempo había configurado la conducta humana. Los nazis estaban persuadidos de que ellos eran los árbitros del bien y del mal. Este nuevo sentido de la libertad, esta creciente experiencia de «Prometeo desencadenado» vino a juntarse con un problema de identidad no resuelto, dando lugar al plan catastrófico de la destrucción humana en la Alemania nazi. La afirmación última de una humanidad liberada de Dios, representada en nuestro tiempo por el Holocausto, parece situarnos realmente en el principio de la resolución final del conflicto. Si la humanidad finalmente reconoce la destrucción que ella puede crear cuando rechaza totalmente al Creador, como sucedió en el Holocausto, si reconoce este rechazo como una perversión y no como una afirmación de la libertad humana, puede empezar a amanecer una nueva era en la conciencia del hombre. Quizás estemos finalmente empezando a atacar en sus raíces el mal, esa lucha secular de la comunidad humana por construir su identidad sustituyendo a Dios. El poder del mal disminuirá únicamente si los hombres somos capaces de desarrollar, con un sentido profundo de la propia dignidad fundado en nuestra unión con Dios en Cristo, un sentido paralelo de humildad, ocasionado por el descubrimiento de la devastación de que somos capaces cuando nos abandonamos a nuestros propios instintos. Este sentido profundo de humildad, evocado por la experiencia del poder salvador que se halla en la causa última del poder humano, es decisivo. Que la humildad constituye una respuesta crítica a la experiencia del Holocausto es un aspecto que comparto con el moralista Stanley Hauerwas, aunque discrepe de él respecto de ciertas implicaciones de este acontecimiento [11].

[11] S. Hauerwas, *Jews and Christians among the Nations:* «Cross Currents» 31 (1981) 34.

Unicamente la integración de este sentimiento de humildad en la conciencia humana será capaz de superar el mal y neutralizar intentos, como el del Holocausto, de «elevar» al hombre por encima del Creador. Esta autorrealización humana se comprenderá más fácilmente a la luz de esa vulnerabilidad divina que el Holocausto ha descubierto de un modo tan dramático. Ya no es vergonzoso mostrarse dependiente de otros: el Creador mismo lo ha hecho. La auténtica madurez, indispensable para participar en la función creadora, exige la afirmación de esta interdependencia para la que los nazis estaban ciegos.

Séame permitido añadir que la profunda sanación personal que brota de una interpretación correcta de la cristología de la encarnación, para llegar a convertirse en salvación plena debe conectar con el sentido de mutua interdependencia manifestado en la alianza del Sinaí. Aunque nuestro estudio se centra en la cristología y el Holocausto, el sentido de la cristología después del Holocausto debe ser buscado en el contexto de una continua relación del cristianismo con el judaísmo y las otras religiones del mundo. En el momento actual es preciso admitir que quienes profesan la fe judía y quienes profesan la fe cristiana probablemente elaborarán su teología después del Holocausto en direcciones parcialmente distintas. No podemos insistir ahora en este tema. De todos modos, sí quiero observar que las reflexiones que he hecho al principio sobre el sentido de la cristología, de ninguna manera implican que la única respuesta teológica que pueden hallar los creyentes ante la experiencia del Holocausto sea la cristológica. Esta parece ser la trampa en que se mueve la obra de Moltmann *El Dios crucificado*.

Sin duda el Holocausto ha socavado muchas afirmaciones cristológicas convencionales. Ha convertido en una inmoralidad ciertos planteamientos cristológicos que relegan a los judíos y al judaísmo a la categoría de reliquias religiosas. Nos obliga también a nosotros a percibir con mayor intensidad la dependencia de Dios con respecto a la comunidad humana, tal como aparece en la experiencia de Dios en cuanto «Abba». Esta idea ha sido desarrollada admirablemente por E. Schillebeeckx. El optimismo teológico de los teólogos de la liberación debería ser confrontado seriamente con ciertos acontecimientos demoníacos, como el de Auschwitz.

De todos modos, a pesar del Holocausto, el núcleo de la cristología se mantiene. Y me atrevería a afirmar que tal núcleo se hace aún más urgente a la luz de Auschwitz. Este acontecimiento ha dejado de ser considerado como un momento aislado de la historia moderna para convertirse en una encrucijada. Nos hallamos en una nueva era, en la cual los avances técnicos, el crecimiento burocrático y el debilitamiento de los vínculos morales contribuyen a considerar la posibilidad inminente de una destrucción masiva de la humanidad.

J. PAWLIKOWSKI

[Traducción: G. CANAL]

ANTIJUDAISMO EN EL NUEVO TESTAMENTO

La historia del influjo del Nuevo Testamento en el decurso de la historia de la Iglesia, no sólo de Alemania, sino también de la Europa occidental y aún más de todo el mundo de Occidente, está teñida de culpabilidad a causa del antijudaísmo que reinó en la Iglesia y en la teología. La magnitud de este baldón no ha llegado a ser reconocida en Alemania por la teología, ni aun después de Auschwitz. Con excepción de algunas voces premonitorias, el antijudaísmo teológico mantuvo su predominio inquebrantable en las ciencias bíblicas del Nuevo Testamento, dada la inconsciencia generalizada ante este problema.

Antijudaísmo teológico no significa antisemitismo sin más. «Es posible, en absoluto, admirar y apreciar a los judíos y hasta afirmar y apoyar activamente al Estado de Israel, pero sin que ello signifique que esta simpatía encuentre fundamento alguno en la historia de la salvación o que sea necesario relativizar ciertas verdades fundamentales cristianas que enfrentan al judaísmo con el cristianismo, y menos aún renunciar a ellas». Estas afirmaciones se encuentran en la respuesta del claustro de la Facultad de Teología evangélica de la Universidad de Bonn a la «Decisión sinodal sobre la renovación de las relaciones entre cristianos y judíos», emitida por la Iglesia provincial de Renania en 1980 («Epd-Dokumentation» 42 [1980] 16).

Late aquí, en principio, aquella mentalidad según la cual la exégesis cristiana del Nuevo Testamento, en la formulación de esas «verdades fundamentales cristianas», continúa utilizando ciertas imágenes o clisés negativos acerca de la religión judía. (Sobre el trasfondo histórico de la situación actual, pueden consultarse los estudios de Leonore Siegele-Wenschkewitz, en especial *Mitverantwortung und Schuld der Christen am Holocaust:* «Evangelische Theologie» 42 [1982] 171-190, donde se muestra la colaboración de algunos exegetas alemanes no sólo en el antijudaísmo teológico, sino también en el antisemitismo nacionalsocialista). En cambio, en las Iglesias —al revés que en las facultades de teología— va aumentando la conciencia del problema. La postura adoptada por parte de los biblistas alemanes —en el ámbito evangélico—, además de menos clara, sigue siendo de momento minoritaria (cf., por ejemplo, P. von der Oster-Sacken, «Von der Notwendigkeit theologischen Besitzverzichtes», epílogo a la edición alemana de R. Ruether, *Nächstenliebe und Brudermord. Die theologischen Wurzeln des Antisemitismus,* Munich 1978, 244-251). La expresión «renuncia al patrimonio» («Besitzverzicht», en el título del libro de P. von der Oster-Sacken) muestra adecuadamente cómo toda superación del antijudaísmo teológico —incluso en la exégesis del Nuevo Testamento— afecta de hecho a las raíces mismas de la identidad cristiana. Desde esta perspectiva, la confrontación tanto teológica como histórica con el antijudaísmo del Nuevo Testamento no puede ser considerada, ni con mucho, superada; antes bien, se encuentra todavía en sus comienzos. Aduciremos a continuación tres reflexiones elementales en torno a una triple temática central en el Nuevo Testamento.

I. JESUS Y LOS FARISEOS

En relación con el Nuevo Testamento es preciso deslindar las dos cuestiones siguientes: 1) ¿Qué características tiene el antijudaísmo del Nuevo Testamento en sí mismo? 2) ¿Cómo se podrá superar el antijudaísmo latente en la posterior historia cristiana de la interpretación del Nuevo Testamento? Dado que una hermenéutica positivista constituye un desatino (pues no es posible responder a la primera cuestión de una forma puramente objetiva, ajena a toda valoración, con categorías puras tomadas de las ciencias históricas), ambas preguntas se sitúan en una correlación mutua. Sin embargo, por razones de claridad, habrá que considerarlas por separado.

El sentido peyorativo del término «fariseos» ha dejado un impacto duradero a lo largo de toda la historia de la interpretación del Nuevo Testamento. Tomaremos como ejemplo un texto central, con vistas a plantear el problema histórico y teológico de la relación entre Jesús y los fariseos, prescindiendo de aquel prejuicio según el cual los fariseos eran los representantes de un legalismo religioso orientado hacia el rendimiento.

¿Qué significa Mc 2,27: «Y les dijo (a los fariseos): el sábado fue hecho para el hombre y no el hombre para el sábado»? La tradición interpretativa ha entendido este pasaje, generalmente, como una crítica en el terreno de los principios a la doctrina y a la praxis farisaica con respecto al sábado. Jesús «pone en cuestión, de forma apodíctica, todos los preceptos acerca del sábado», expresando su «profunda oposición... a la mentalidad farisaica» (H. Merkel, *Jesus und die Pharisäer:* NTS 14 [1967-68] 204). El conflicto reflejado en el texto bíblico es entendido aquí como un conflicto *doctrinal* de largo alcance (y esta cita es representativa, además, de la historia de la interpretación más reciente). Los fariseos tienen una idea falsa sobre Dios y sobre «los hombres» y en consecuencia siguen una praxis inhumana de la ley. O tal como lo formula R. Pesch: «Tanto Jesús como Pablo ponen en tela de juicio la casuística inhumana que brota de una obediencia religiosa pervertida» (R. Pesch, *Das Markusevangelium* I, Friburgo 1976, 196). Ahora bien, en este caso de Mc 2,27, resulta especialmente significativa la existencia de una expresión rabínica casi idéntica: «el sábado se os ha entregado a vosotros y no vosotros al sábado» (Mechilta de Ex 31,14), es decir, la salvación de una vida humana «desplaza» al sábado, tiene precedencia sobre el mandato de santificar el sábado.

En la historia cristiana de la interpretación de Mc 2,27, este principio rabínico aparece como justificación de una reglamentación excepcional *ad casum* (o *casuística*). En cambio, la frase de Jesús, a diferencia de la expresión rabínica, es interpretada como un cuestionamiento *por principio* de todos los preceptos sobre el sábado «en cuanto que éstos no están al servicio del hombre» (R. Pesch, *ibíd.,* 184). El «Comentario al Nuevo Testamento desde el talmud y el midrash», de H. L. Strack y P. Billerbeck, cuya ayuda ha sido inestimable para la ciencia bíblica neotestamentaria, contribuyó a dar cauce de expresión a esta hermenéutica marcando con una impronta antijudía a numerosas generaciones de intérpretes del texto (sin que ello signifique menosprecio de la contribución científica prestada por este comentario, que en realidad «sólo» participa del antijudaísmo general de la ciencia bíblica). Así, pues, la frase rabínica es entendida como una solución concreta para un caso, mientras la frase de Jesús es considerada como una frase incisiva, expresión de un principio doctrinal. Pero curiosamente el texto de Mc 2,27, en cuanto a su contenido, suele considerarse aislado de su contexto literario. Y de ahí provienen los resultados que hemos esbozado.

Creo que en este punto se hacen necesarios tanto una crítica metódica fundamental como un cambio en el procedimiento. Es indispensable tener en cuenta el contexto *literario* y el contexto *vital* del texto. El contexto literario estricto (Mc 2,23-28) describe un conflico entre Jesús y los fariseos a causa de la «disputa sobre las espigas», cuando los discípulos arrancan un puñado de espigas aventando las pajuelas y comiéndose los granos directamente. Al tener hambre, no se atuvieron a la prohibición de preparar comida en sábado. Mc 2,27 no constituye la frase más incisiva dentro de toda una crítica de principios, sino un segundo argumento bíblico después del de Mc 2,25s con el que Jesús, en esta narración, intenta expresar la legitimación teológica de la recogida de espigas en sábado. El objetivo de la argumentación no es, en este texto, formular una crítica de principio contra los fariseos, sino granjearse su adhesión teológica. En este sentido, Jesús argumenta a partir de las mismas bases teológicas de sus interlocutores: de la autoridad de la Escritura, de la Torá. Así apela a 1 Sm 21,1-7 (en Mc 2,25s) y a la historia de la creación en el Génesis (en Mc 2,27). No hay desacuerdo entre Jesús y los fariseos en que la salvación de una vida en peligro está por encima del sábado. Lo que sí se discute es la situación concreta de unos hombres. ¿Se encuentran los discípulos en un peligro tal que les obligue a quebrantar el sábado? No podremos entender el texto sin preguntarnos ahora por el contexto vital. En un mundo en el que el hambre y la carencia de víveres estaban a la orden del día y en el que todo el pueblo vivía en pobreza, el hambre de los discípulos no puede restringirse a aquello a lo que quedó reducida en la historia cristiana de la interpretación: a un motivo ocasional concreto que da pie a un conflicto dogmático en torno a unos principios. Jesús en realidad pretende que los fariseos reconozcan, en el plano teológico, que el saciar esta hambre concreta prevalece sobre el precepto del sábado, porque es contra la voluntad de Dios que los hombres tengan que pasar hambre. Mc 2, 23-27 describe así un quebrantamiento simbólico de la norma, por parte de Jesús y sus discípulos, que presupone en cambio una coincidencia elemental entre ambas partes acerca de la *doctrina.* El Jesús de este relato es el salvador de los pobres y no el predicador de una nueva doctrina sobre Dios y sobre los hombres.

La proximidad de Jesús a los fariseos en este pasaje se sitúa en un notable contraste con el papel de los fariseos en todo el contexto literario global del Evangelio de Marcos. Según tal evangelio, como consecuencia de éste y de algunos otros conflictos similares, «los fariseos... junto con los herodianos» se conciertan contra Jesús en un mismo designio de darle muerte (Mc 3,6). Y, sin embargo, en esta afirmación hay cosas que no concuerdan con la realidad histórica. Sobre todo el hecho de que los fariseos —tal como lo demuestran los relatos sinópticos de la pasión— no participaron activamente en la condenación ni en la ejecución de Jesús.

El problema del antijudaísmo teológico en los evangelios sinópticos se plantea principalmente (tal como lo demuestra este ejemplo) a partir del contexto global. En Mc 3,6 y en la totalidad del Evangelio de Marcos, así como en Mt 23 y en todo el Evangelio de Mateo, se inicia una nueva actitud más áspera y más incisiva en la confrontación con los fariseos precisamente. Al encararnos con este dato categórico es preciso tener en cuenta lo siguiente: 1) que los evangelios sinópticos son producto de una historia que es la historia del movimiento de Jesús. Por lo que el enfrentamiento con los fariseos ha recorrido ya todo un proceso histórico fácilmente identificable. En tiempos de Jesús, los fariseos ejercían en el pueblo un papel muy distinto del que tuvieron después de la destrucción del templo y de la guerra judía contra los romanos entre el 66 y el 70 de la era cristiana. En el plano de los contextos globales, la confrontación entre ambos bandos es mucho más dura ahora de lo que lo había sido en tiempos de Jesús. Los judíos se sienten ahora amenazados en su identidad religiosa por los judeocristianos, así como por lo paganocristianos. Han surgido ya las primeras persecuciones, sobre todo a causa de problemas de convivencia de los judeocristianos con los paganos incircuncisos en la comunidad (cf., por ejemplo, Gál 2, 11-14). Los cristianos acusan a los judíos de ser los culpables de la muerte de Jesús (véase Mc 3,6) y de no haber acogido al Mesías de Dios, tal como el Evangelio de Mateo nos recuerda a cada paso. Cabe discutir el momento preciso en el que empezó a existir —si es que existió— una concepción «cristiana» claramente diferenciada de la concepción «judía». La acerada crítica del Evangelio de Mateo contra los fariseos se sirve de los textos proféticos que anuncian el juicio contra el pueblo de Dios, infiel y recalcitrante. Por eso, según Mateo, habría que hablar más bien de un conflicto entre cristianos y judíos que de un conflicto que tiene lugar en el seno del propio judaísmo. Para Marcos, aunque escrito con anterioridad, la contraposición es quizá mayor aún que para Mateo.

Ahora bien, ¿qué significan, desde el punto de vista hermenéutico, estos datos brevemente reseñados? En cualquier caso, es claro que una cosa es hablar acerca del judaísmo desde el trasfondo de una larga historia de poder eclesial en el cristianismo y otra muy distinta hablar del conflicto que surge entre los judíos y los cristianos (ya sean éstos judíos o paganos) a finales del siglo I. Este conflicto, planteado ya en el terreno de los principios, tiene ahora un punto concreto de referencia: la importancia del Mesías Jesús para la praxis vital y para la comunidad de sus seguidores tanto paganos como judíos. En este sentido, la mesianidad de Jesús pasa a ser el centro de la discusión. Por otra parte, los judíos tenían que considerar el cristianismo como una amenaza, dado que promovía la integración de los judíos en la población pagana. Es incorrecto hablar de las relaciones entre cristianos y judíos según el Nuevo Testamento desde categorías ahistóricas y dogmáticas, como si fuese posible captar estas relaciones al margen de la situación concreta y únicamente en clave de principios teológicos. Esto no significa una relativización histórica del antijudaísmo, sino una concretización de la teología, que deberá abandonar sus pretensiones de intemporalidad. «Teología después de Auschwitz» no equivale, como muchos afirman, a una disolución de la teología en el espíritu de una época, sino la única posibilidad de hablar hoy teológicamente de forma responsable. El defecto fundamental del antijudaísmo teológico es su comprensión de la teología como algo totalmente ajeno a la situación cotidiana y a la «política».

Yo no podría decir si yo misma, de ser judía, habría tomado partido a finales del siglo I en favor del grupo de los judíos o del de los cristianos. Pero como cristiana, en la República Federal Alemana y en el año 1984, sí tengo que decir que el exterminio masivo de judíos realizado por mi país sigue clamando al cielo. Yo podría interpretar Mc 3,6, así como otros textos similares del Nuevo Testamento, en clave histórica, quizá relativizándolos, sin que constituyan para mí el contenido central del evangelio de Cristo. El que Cristo sea el Señor del universo y el Mesías de Dios no significa que él pretenda dominar, por medio de sus cristianos, a otros pueblos o culturas explotándolos y hasta exterminándolos. Pero toda esta historia atroz es también fruto de una cristología ahistórica que, de la confesión de Cristo, infiere ambiciones de supremacía religiosa y política.

El alcance universal de Cristo —rectamente entendido— no radica, para los cristianos, en que ellos consideren la liberación por Cristo como una salvación privada, sino en que crean en un Señor que desea ser salvación y liberación para todos los hombres (sin que esto signifique que todos los hombres y sus religiones tengan que ser medidos con la regla única de la doctrina cristiana). Pues en el contexto global de los evangelios sinópticos tampoco la universalidad del reinado de Dios —que los cristianos esperan— tiene estructura «imperialista» alguna. El dominio universal de Dios —representado por el árbol cósmico en cuyas ramas encuentran refugio todos los pájaros del cielo (Mc 4, 30-32 par.)— excluye precisamente todo dominio del hombre sobre el hombre. Los evangelistas *no* han afirmado que todos los hombres tengan que creer en Jesús como Mesías para obtener la salvación de Dios. Sí han afirmado, en cambio, que todos los hombres deben aprender a vivir según la voluntad de Dios. La decisión tiene lugar en el ámbito de la praxis, no en el de la doctrina de la fe (cf. Mt 25,31-46).

No pretendemos con ello declarar carentes de importancia las afirmaciones antijudías de los evangelios, sino sobre todo plantear la pregunta de si es verdad que la cristología neotestamentaria es «esencialmente» antijudía. En mi opinión, ésta llegó a ser tal a consecuencia de una teología cristiana que defendía una pretensión de dogmatismo absoluto, lo que originó que también el Nuevo Testamento sólo pudiese ser entendido en el mismo sentido. La praxis vital, que es parte integrante de la fe en Cristo y de la esperanza en el reinado de Dios, coincide con el esfuerzo en pro de la vida de la creación de Dios. Este trabajo no es una invención nueva de Jesús o de sus seguidores, sino consecuencia inmediata de la fe judía en Dios, no vinculada todavía ni entonces ni ahora a la confesión de Cristo. La historia de las espigas en sábado no contiene especie alguna de antijudaísmo teológico precisamente porque en ella Jesús no quiere ser entendido cristológicamente, sino porque saca las consecuencias de la torá para las necesidades concretas de los hombres en el plano de la praxis. El diálogo entre judíos y cristianos podría conducir a que en la teología cristiana la fe y el comportamiento fuesen concebidos de nuevo —tal como lo son en el Nuevo Testamento— como una unidad. En esto los teólogos cristianos muestran un notable retraso frente a la Biblia hebrea y al mismo Nuevo Testamento.

II. PABLO Y LA LEY

En 1 Tes 2,14-16 encontramos una afirmación claramente antisemita, dado que aquí Pablo no sólo considera a «los judíos» como pueblo de Dios sobre el que recae la ira divina, sino que además lo difama en el plano político: porque «no obedecen a Dios y están en contra de todos los hombres». El rechazo, por parte de «los» judíos, de la misión entre los gentiles incircuncisos y la consiguiente persecución de los seguidores judíos de Jesús por parte de los otros judíos, es a los ojos de Pablo un motivo más que viene a dar la razón a los reproches antisemitas que el mundo antiguo había formulado contra el pueblo judío. Pero con esta fundamentación nueva de un antisemitismo anteriormente existente, Pablo suministra a su vez un argumento en pro de la persecución de los judíos por parte de la autoridad romana, que ya había promovido persecuciones similares basándose en el *odium humani generis,* en el odio al género humano, de Israel. No es posible disculpar a Pablo por haber escrito estas frases y haberlas repetido, seguramente, con frecuencia. Tampoco puede exculparle el haber sido antes, como judío, perseguidor de los cristianos por lo que la deserción de su partido originaría un odio radical frente a su propio pasado. Pablo denuncia aquí a «los judíos» con una inculpación que posteriormente, bajo Nerón, habría de volverse en contra de los propios cristianos dando pie a su persecución. Por otra parte, y durante la vida de Pablo, así como desde la óptica de las autoridades romanas, la persecución de los cristianos pudo ser considerada con facilidad como persecución de unos judíos. Bajo el reproche de enemistad para con todo el género humano, Pablo está acusando a «los judíos» de deslealtad al Estado romano. Cabe, pues, imaginar que judíos y cristianos (éstos tanto de origen judío como pagano) se denunciasen mutuamente entregándose los unos a los otros a la espada romana (sobre todo si ponemos en relación 1 Tes 2,15 con la presentación que del comportamiento judío nos hacen los Hechos de los Apóstoles 17,7).

El mismo Pablo se enfrentó seriamente con el problema teológico de los judíos, que como pueblo rechazaron la fe en Jesús como Mesías.

No cabe una armonización de 1 Tes 2,14-17 con la carta a los Romanos; como tampoco resulta fácil, por otra parte, armonizar las diversas visiones de Pablo sobre la mujer cristiana. En mi opinión, y bajo una perspectiva teológica, no cabe otra solución que actuar —en el problema del antisemitismo— de un modo similar a como suele hacerse en cuestiones tales como el sexo o la esclavitud: a partir de una crítica objetiva tanto de Pablo como del Nuevo Testamento. Si bien tanto la confrontación teológica de Pablo con el rechazo de Jesús como Mesías por parte del Israel según la carne como su enfrentamiento con la autoridad de la «ley» desde la óptica de la fe cristiana, constituyen puntos teológicamente centrales cara a un esclarecimiento de las raíces de la identidad cristiana y de los instrumentos al servicio del antijudaísmo cristiano.

La «doctrina» de Pablo sobre la justificación no es, según la propia comprensión del Apóstol, otra doctrina de la ley distinta de la que mantenían los judíos. En ningún momento contrapone Pablo posturas doctrinales distintas ni se distancia de una comprensión judaica de la ley. Esto tendrá lugar, sobre todo, en la interpretación que de Pablo harán los teólogos cristianos de épocas posteriores, así como en la teología actual. Pablo parte de una doctrina acerca de la torá que no se distingue en nada de las posturas doctrinales judías: «los que cumplen la ley serán declarados justos (por Dios)» (Rom 2,13). De igual modo, la tesis de que la única vía para la salvación no estriba en la propia capacidad, sino en la misericordia de Dios, constituye una postura teológica fundamental que Pablo comparte con la tradición tanto del judaísmo posbíblico como de la Biblia hebrea. La negación de la importancia central que para la fe judía tiene la misericordia de Dios hunde sus raíces en el antijudaísmo cristiano de épocas posteriores, así como en la teología moderna.

Cuando Pablo formula ciertas antítesis (como la de Rom 10,3) no está contraponiendo una opinión judía discordante a la suya propia, antes bien está refiriéndose a la *conducta* de aquellos judíos que rechazan la fe en Cristo: que «ignoraron la justicia de Dios y buscaron afirmar la suya propia». Pero no deberá entenderse este pasaje como si los judíos dijesen: nosotros afirmamos nuestra propia justicia por el cumplimiento de la torá; antes bien, lo que afirma Pablo es lo siguiente: el rechazo por parte de los judíos de la fe en Jesucristo constituye de hecho una tentativa de justificarse prescindiendo de Dios. Ellos creen servir a Dios y recibir de él la salvación, pero Pablo rechaza que, al margen de Cristo, sea posible servir a Dios. La doctrina del judaísmo es correcta, pero es incorrecta su conducta al rechazar la fe en Cristo. Pablo es, pues, un judío piadoso que explica a otros judíos piadosos que todo su comportamiento respecto de Dios es pura ilusión y contrasentido mientras no crean en Cristo. Ellos piensan que es posible vivir según la voluntad de Dios y cumplir la ley, sin que a la vez estén dispuestos a reconocer —siguiendo a Pablo— que sólo es posible «andar según el Espíritu» (Gál 5,25) cuando está presente la fuerza vivificadora de Cristo. Así, pues, el que pretenda descubrir diferencias «doctrinales» entre Pablo y su pueblo las encontrará, sobre todo, en su diagnóstico acerca del poder del pecado, aun cuando este diagnóstico no sea presentado por Pablo como una doctrina en clara confrontación con otra doctrina. Para Pablo, el poder del pecado tiene el carácter de una soberanía universal. La agregación de los actos pecaminosos humanos da como resultado un sistema colectivo de coacción que todo lo domina: ya desde Adán la historia es una historia de pecado. Más aún, hasta la torá, que es la voluntad santa de Dios en relación con la vida (Rom 7,12), es pervertida por el pecado, de tal modo que la voluntad salvífica de Dios viene a convertirse en instrumento de muerte: «la ley acarrea la ira», es decir, el juicio de Dios (Rom 4,1). El poder universal del pecado es desconocido para los judíos, afirma Pablo. Estos no ven la contradicción latente tras su propia praxis, cuando, por una parte, pretenden instruir a otros en lo relativo a la voluntad divina y creen confiar en Dios, mientras, por otra, ellos mismos no guardan la torá (Rom 2,1-24).

El enfrentamiento que Pablo, después de aceptar la fe en Cristo, mantendrá durante el resto de su vida con los judíos no cristianos, se basa, pues, en su distinto diagnóstico de la condición humana, así como en su fe en que Dios, a través de la muerte y la resurrección de Cristo, hizo posible al hombre la vida quebrantando la potencia del pecado. El que Pablo conciba al pecado como un poder universal que encierra un sentido más amplio y más profundo que el conjunto de los meros actos pecaminosos del hombre, está en dependencia de la realidad existencial tanto de los judíos como de otros pueblos de la época sometidos al Imperio romano. Los conflictos de Pablo con los judíos (cristianos) a causa del problema de la circuncisión de los no judíos, provienen de esta cuestión fundamental: él no permitió que los gentiles que convivían con los judíos y comían a su misma mesa fueran circuncidados, porque ello equivaldría a un menosprecio de la importancia de la acción salvadora de Cristo. Tanto los judíos como los gentiles están sometidos a la misma realidad coercitiva del pecado. Tanto los judíos como los gentiles tienen acceso por igual a la salvación de Dios: Cristo. Tanto los judíos como los gentiles se hallan confrontados ante el *único* Dios (Rom 3,30). Dado que este Dios ha otorgado al pueblo de Israel una promesa singular, la actual obstinación de Israel, que no acepta a Cristo, no perdurará hasta el final, antes bien «todo Israel llegará a ser salvo» (Rom 11,26).

El conflicto entre Pablo y su pueblo estriba, pues, en su valoración radical del poder del pecado, así como en su fe, en que por la muerte y la resurrección de Cristo la potencia del pecado ha sido quebrantada. Y hasta en el pasaje de 1 Tes 2,15s (que antes presentábamos como una excepción) el conflicto es descrito por Pablo en categorías teológicas asumidas de la tradición bíblica judía. Pablo no pretende sustituir una teología falsa o deficiente por otra de superior categoría, sino contribuir a la proclamación de la intervención que Dios acaba de realizar en la historia del pecado y mostrar a los hombres el camino hacia la vida en un mundo esclavizado por el pecado y la muerte.

Si partimos del contexto histórico, la cristología paulina (aun a pesar de su pretendido carácter absoluto) no deberá ser considerada en modo alguno como antijudía. Pablo no rechaza el judaísmo desde un punto de vista religioso en virtud de su oposición al cristianismo, como tampoco discute la identidad del pueblo de Israel como pueblo de la promesa. Antes bien hay que decir que él intenta hacer de todos los hombres judíos (en el sentido de Rom 2,29), aunque su concepción de lo que es ser judío se distancie de la de los judíos no cristianos. Sin embargo, desde el momento en que el cristianismo se entendió a sí mismo como una religión, una simple repetición de las tesis paulinas se convirtió ya en un antijudaísmo masivo. Esto significa en el momento presente, y bajo una perspectiva teológica, que no basta con alcanzar una mayor concienciación respecto al antijudaísmo existente de hecho en el Nuevo Testamento o en la teología cristiana posterior, sino que es preciso además caer en la cuenta de que resulta inadmisible una mera repetición de las afirmaciones del Nuevo Testamento, sin traducirlas con ayuda de una hermenéutica que reflexione sobre las condiciones sociales de aquella época. Esta traducción deberá tener muy en cuenta lo que el cristianismo y el judaísmo son en la actualidad, así como la forma en que se ha desarrollado la historia tanto del judaísmo como del cristianismo. Esta traducción tampoco deberá reducirse a una mera versión del pensamiento paulino, sino que deberá incluir la reproducción de la praxis paulina (aunque bajo otros condicionamientos distintos). Pablo intentó mostrar a todos los hombres el camino hacia la vida que Dios había abierto, pero en modo alguno quiso descalificar a otros hombres en su religiosidad propia.

En la medida en que hoy los cristianos intenten explicar a otros y vivir de manera ejemplar *sus* objetivos —su fe en Cristo y su intención de experimentar el amor de Dios—, a nadie le infligen daño alguno. El carácter absoluto de la fe en Cristo, bien entendido, tiene su centro en la oración, en el culto litúrgico, en el amor actuante y en la esperanza para el mundo. Pero cuando esa fe se vincula (aunque sea de forma imperceptible) a las estructuras de poder, recae en seguida en el antijudaísmo y en cierto delirio de preponderancia cultural que llega a poner a su servicio a pueblos enteros. Esto lo ha demostrado la historia reciente de Alemania, cuya injusticia no puede ser aminorada diciendo que los nazis eran anticristianos y que por ello los cristianos pueden ser exonerados de culpa, al menos en cierto grado. El delirio de preponderancia que se sirvió de la cristología (o de sus caricaturas) ha sido una realidad a lo largo de la historia del cristianismo y ha llegado a alcanzar hoy límites inabarcables: vuelve a acaecer allí donde se abre camino de nuevo el genocidio de pueblos enteros, planificado primero, preparado luego con una tecnología perfecta y llevado al fin a su ejecución. El hecho de que esto siga siendo posible hoy día tiene mucho que ver también con el antijudaísmo de los cristianos, que proviene de su pretensión de preponderancia, derivada de una cristología forjada por ellos, así como de su descalificación de las obras, de la acción y de la vida según la Escritura. En las interpretaciones antijudías que se hacen de Pablo (como es el caso de R. Bultmann) se encuentra por lo regular esta descalificación del valor de la acción, de las obras, de la actuación humana según la voluntad de Dios, que son definidas como «confianza en las propias fuerzas», como «pretensión de autonomía», como «tendencia a la autorrealización», tendencias que al parecer predominan en el hombre judío, tomado como paradigma de todos aquellos hombres que se encuentran en el falso camino. Con frecuencia se utiliza además el término «ley» como sigla de todas estas inclinaciones. De este modo, los cristianos pueden dispensarse de la obligación de vivir también según la voluntad de Dios, tal como ésta se manifiesta en la Escritura y tal como fue expuesta por Jesús en el sermón de la montaña.

III. JUAN Y LOS JUDIOS

En el Evangelio de Juan encontramos una utilización notablemente más amplia de la denominación genérica «los judíos». El amplio espectro de valoraciones abarca entonces desde la designación meramente objetiva de pertenencia —por ejemplo, de Jesús— al pueblo de los judíos (en contraposición al de los samaritanos: Jn 4,9), pasando por la alusión —hasta cierto punto peyorativa— de las fiestas como fiestas «de los judíos» (Jn 2,13, etc.), hasta su utilización en sentido negativo: aquellos grupos del pueblo que se muestran indecisos o vacilantes frente a Jesús (cf., por ejemplo, Jn 6,41) o los guías judíos de los «fariseos» o los «sumos sacerdotes» que encarnan aquellos poderes que promoverán la ejecución de Jesús (Jn 11,47). El Evangelio de Juan presupone que a los cristianos les es denegada toda pertenencia a la sinagoga por parte de los dirigentes judíos (Jn 9,22; 12,42; 16,2). Esta exclusión de la sinagoga es vivida por los cristianos como una experiencia concreta del odio que el mundo siente hacia ellos (Jn 16,2 junto con su contexto). Habrá que deducir de aquí que se trata de judeocristianos afectados por dicha expulsión de la sinagoga. La presentación que se hace del camino de Jesús es simultáneamente presentación de las experiencias propias de las comunidades joánicas de la época en que se compone el Evangelio de Juan (después del 70 d. C.). Por muy genérica y peyorativa que sea la designación «los judíos», es utilizada aquí por una minoría dentro del judaísmo, que de esa manera expresa su amargura por la suerte de Jesús y sus discípulos y que también ellos han sufrido y continúan sufriendo de parte de sus correligionarios. La imagen que se ofrece de la situación del pueblo judío es sumamente diferenciada, si bien esta situación es considerada únicamente bajo el aspecto de la relación de los judíos con Jesús y sus seguidores.

El pueblo tiene sus propias esperanzas mesiánicas y polemiza —de forma positiva y crítica— con el mesianismo de Jesús y Jesús con el de ellos (cf. Jn 6,15). Hay seguidores clandestinos de Jesús hasta en las clases dirigentes (Jn 3,1, etc.), aunque se muestran cobardes (Jn 11, 42s). Y hay también dirigentes judíos que, por temor a los romanos, persiguen a Jesús y harán que se le dé muerte. Las clases dirigentes temen las consecuencias políticas que sobrevendrían una vez que los romanos percibiesen en el pueblo el mesianismo en auge por la actuación de Jesús (Jn 11,48). De aquí que «los judíos» se distancien de Jesús por razones políticas y formulen una declaración grandilocuente de lealtad al emperador romano (Jn 19,15). El Evangelio de Juan transmite una imagen unilateral aunque sumamente viva y diferenciada de la situación de los judíos después de la destrucción del templo. El pueblo tiene unos dirigentes reconocidos también por Roma, pero que se hallan bajo una fuerte presión política, sin arriesgarse a permitir movimiento mesiánico alguno en torno a Jesús, aun cuando se trate de un movimiento mesiánico en torno a un rey cuyo reino no es de este mundo (Jn 18,36). Pues aun cuando este movimiento no posea fuerza militar alguna ni aspire a fines directamente políticos, se sitúa, desde la óptica de los romanos, en la órbita de los mesianismos judíos tan temidos por Roma.

En el Evangelio de Juan tanto «los judíos» como los seguidores de Jesús son víctimas por igual de la política romana. Los cristianos constituyen aquí una minoría oprimida en el seno de un pueblo vencido, sojuzgado y maltratado. El achacar a los dirigentes judíos —tal como son descritos en el Evangelio de Juan— oportunismo frente a los romanos, o a los cristianos que allí se hacen oír, antijudaísmo, equivaldría a utilizar etiquetas falsas que no responden a la situación histórica. Sería más adecuado el supuesto según el cual en los pueblos oprimidos bajo la presión de los poderosos los hombres son incapaces de lograr por sí mismos la solidaridad entre ellos; un supuesto que se deduce igualmente de 1 Tes 2,15b. También respecto al Evangelio de Juan es válido aquello que ya hemos constatado con respecto a Pablo: que una mera repetición de las afirmaciones de Juan, sin una traducción apropiada, desemboca de por sí en una expresión de antijudaísmo teológico en cuanto se modifica la situación del cristianismo. Antijudaísmo frente al cual no cabe ya hoy el silencio o la mera actitud ingenua.

L. SCHOTTROFF

[Traducción: M. G.]

EL ANTIJUDAISMO CRISTIANO, RAIZ DEL ANTISEMITISMO

El decreto del Sínodo de Renania de enero de 1980 sobre la renovación de las relaciones entre cristianos y judíos, ya en su introducción, señala un motivo fundamental de la necesidad histórica de que la Iglesia adquiera una nueva relación con el pueblo judío: «los cristianos deben reconocer su parte de responsabilidad y culpa en el Holocausto, en la proscripción, la persecución y el asesinato de los judíos en el Tercer Reich» [1]. Esto plantea una amplia exigencia que hasta el presente apenas se ha tenido en cuenta. ¿Qué es lo que en la teología y en la Iglesia alemana impide reconocer la responsabilidad y culpa de los cristianos en el Holocausto?

Al final de la segunda guerra mundial, la Iglesia confesante de Alemania fue reconocida por los aliados como una organización de resistencia, y con este signo surgieron los primeros trabajos sobre la historia de la Iglesia protestante en la Alemania nacionalsocialista. Los mismos historiógrafos fueron, por regla general, miembros de la Iglesia confesante y describieron su propia historia dando por supuesto que esta Iglesia, a pesar de la persecución por parte del régimen nacionalsocialista, había conseguido conservar con fidelidad la palabra de Dios y dar un testimonio profético en la Iglesia. El consejo de la Iglesia evangélica alemana había reconocido su culpa en el documento de Stuttgart, el 19 de octubre de 1945: «Nos acusamos de no haber confesado con más audacia, de no haber orado con más confianza, de no haber creído con más gozo y de no haber amado con más ardor». Pero se añadía: «durante largos años hemos combatido en nombre de Jesucristo el espíritu que encontró su terrorífica expresión en el régimen de violencia nacionalsocialista». La Iglesia confesante estaba convencida de que existía una clara antítesis entre nacionalsocialismo y cristianismo, de que la Iglesia confesante era una de las víctimas del régimen nacionalsocialista.

Al comienzo de los años sesenta, algunos jóvenes historiadores, que no habían tomado parte activa en la lucha de la Iglesia, señalaron que ciertos grupos de dentro de la Iglesia evangélica habían colaborado sin reservas con el nacionalsocialismo, tanto ideológica como prácticamente. Sin embargo, por encima de esta colaboración, la Iglesia confesante se-

[1] *Zur Erneuerung des Verhältnisses von Christen und Juden* (Handreichung 39; Düsseldorf 1980) 9.

guía siendo la verdadera Iglesia de Jesucristo que había reconocido y asumido la hora de la prueba.

En estos estudios históricos, la relación y el comportamiento con respecto a los judíos no era un tema específico. Ciertamente, era sabido que los cristianos alemanes se habían mostrado dispuestos a aceptar amplios compromisos con la ideología nacionalsocialista, principalmente con el racismo. No obstante, se pensaba que la Iglesia confesante se había mantenido íntegra en su actitud para con los judíos.

Al final de los años sesenta se presentaron tres tesis doctorales que tenían como tema la actitud de la Iglesia evangélica ante la llamada cuestión judía durante la república de Weimar y en el Tercer Reich. Estos trabajos pusieron de manifiesto las deficiencias de la misma Iglesia confesante con respecto a los judíos: cómo algunas ideas tradicionales antijudías y antisemitas habían impedido incluso a los cristianos de la Iglesia confesante intervenir clara y decididamente, de palabra y de obra, a favor de los judíos perseguidos. Aunque estos historiadores rompieron el silencio sobre la cuestión judía, es significativo que sus tesis no fueron publicadas. Así quedaron paralizados unos intentos de análisis científico del problema, que habrían podido promover una discusión abierta en la teología y en la Iglesia. En el marco académico de historia de la Iglesia, la cuestión de las relaciones entre cristianos y judíos era un tema tabú y lo sigue siendo.

Pese a estas convicciones de la Iglesia confesante, fueron antiguos miembros de esta Iglesia quienes, después de un tiempo de silencio, tomaron una iniciativa en el ámbito de la Iglesia evangélica de la República Federal Alemana: en 1961, en el seno del movimiento seglar protestante «Deutscher Evangelischer Kirchentag», se formó un grupo de trabajo de judíos y cristianos. En un esfuerzo común, los judíos y los cristianos decidieron llamar por su nombre a un pasado tan doloroso y tan cargado de sentimientos de culpabilidad, a fin de poner los presupuestos para una nueva relación entre cristianos y judíos. El teólogo reformado suizo Karl Barth había indicado el camino: los cristianos deben determinar desde un punto de vista teológico nuevo su relación con los judíos, deponiendo su antijudaísmo milenario. Los judíos y los cristianos de Alemania siguieron en esto el ejemplo de algunos teólogos judíos y cristianos de América que habían comenzado ya a trabajar en una teología para después del Holocausto.

A partir de esta colaboración entre judíos y cristianos, se reflexionó sobre las relaciones judeo-alemanas en la reciente historia de Alemania. Con el estudio de las fuentes históricas, poco a poco ha ido tomando cuerpo la idea de que los acontecimientos de la época nacionalsocialista tienen una larga prehistoria. El antisemitismo racista no sólo se alimentó de fuentes paganas y seculares, sino que pudo fundamentarse en gran parte en la hostilidad religiosa hacia los judíos y mezclarse con ella. La investigación histórica ha puesto de manifiesto un dato escalofriante: la hostilidad religiosa hacia los judíos fue desde el principio una constante de la teología cristiana. El antijudaísmo era y es parte esencial de la teología cristiana en cuanto que ésta no ha dejado de destacar lo que separa y distingue al cristianismo del judaísmo, con la intención de mostrar que después de Cristo no debiera haber ya judíos. En este sentido, el antisemitismo es un antijudaísmo secularizado.

Movidos por el horror de que después del Holocausto en Alemania efectivamente apenas hay ya judíos, los cristianos han comenzado a definir y plasmar en la teología y en la praxis eclesial sus relaciones con los judíos. Los cristianos se abren al mensaje bíblico de que ellos y los judíos forman el único pueblo de Dios, aunque dividido, de que la alianza que Dios estableció con su pueblo Israel no ha sido rescindida. Los cristianos han comenzado a acercarse a la auténtica conciencia judía. Se trata, en el fondo, de una nueva hermenéutica, gracias a la cual, en todos los campos de la teología y en todos los ámbitos de la vida eclesial, el Holocausto puede ser tomado en serio e interpretado como interrupción de una teología dirigida contra los judíos [2].

El mencionado grupo de trabajo de la Iglesia evangélica, que llegó a la opinión pública a través de conferencias, publicaciones y mesas redondas de judíos y cristianos sobre la Biblia, ha despertado gran interés en la República Federal Alemana. En sus más de veinte años de existencia ha conseguido animar a gran número de laicos y sacerdotes a revisar las relaciones entre cristianismo y judaísmo y hacerlas repercutir en diversos campos: predicación, enseñanza, postura política ante el Estado de Israel. La Iglesia evangélica de Alemania, movida por la actividad y las iniciativas de dicho grupo de trabajo y por encargo del Sínodo regional de Renania de 1965, formó al comienzo de los años setenta una comisión de estudio sobre la Iglesia y el judaísmo. Esta, con la colaboración de algunos judíos, presentó en 1975 un proyecto sobre el tema Iglesia y judaísmo. El decreto aprobado por el Sínodo de Renania en 1980 se debe también a la iniciativa de este grupo con la colaboración de teólogos judíos.

La historia judeocristiana, el Holocausto, el diálogo judeocristiano, la actitud de los cristianos y de las Iglesias para con Israel son temas que han abordado las Iglesias evangélicas de la República Federal de Alemania, pero no así la teología alemana universitaria.

[2] R. Rendtorff/E. Stegemann (eds.), *Auschwitz - Krise der christlichen Theologie* (Munich 1980).

Las facultades protestantes de teología se sitúan ante esta temática con ciertas reservas; por eso hay que constatar una laguna en la investigación sobre la historia de las facultades de teología alemanas en el tiempo del nacionalsocialismo. En los últimos decenios, las Iglesias han informado sobre su comportamiento y se han visto obligadas a dar cuenta pública de sus acciones y omisiones, pero las facultades de teología no han intervenido en este proceso de investigación, formación de opinión y autocrítica. Sería preciso, bajo el título de «ciencia en el Tercer Reich», definir la imagen de cada facultad, del trabajo realizado por ellas y por los miembros de las mismas [3].

El silencio sobre la historia de las facultades de teología, a pesar de la nutrida y extensa historiografía relativa a la lucha eclesial, puede deberse a la posición ambigua de las facultades de teología, situadas entre el Estado y la Iglesia. Aunque la labor de los profesores de teología en las facultades sea un servicio a la Iglesia, ellos, en cuanto a su situación económica y jurídica son funcionarios del Estado y, por tanto, están sometidos a la disciplina estatal, cosa que el Estado nacionalsocialista se preocupaba de recordarles.

Por otra parte, en el protestantismo las facultades participan en el ejercicio del magisterio. En la época nacionalsocialista, las Iglesias regionales y grupos eclesiales pidieron en repetidas ocasiones a las facultades su opinión sobre cuestiones teológicas y eclesiales concretas. Así, por ejemplo, las facultades de Marburgo, Erlangen y Tubinga manifestaron su actitud con respecto a la validez de la llamada «cláusula aria». La facultad de Leipzig expresó un dictamen sobre la teología de los cristianos sajones alemanes; existen listas de firmas de teólogos alemanes en relación con la problemática de «Nuevo Testamento y cuestión racial» y «confesión y orden de la Iglesia». Se ve que ni el mismo Estado nacionalsocialista pudo impedir que las facultades de teología se vieran envueltas en la lucha eclesial. Sin embargo, la historiografía refleja sólo en parte esta situación real.

[3] Existen estudios e investigaciones aisladas, mencionados en L. Siegele-Wenschkewitz, *Neutestamentliche Wissenschaft vor der Judenfrage:* «Theol. Existenz heute» 208 (Munich 1980) 8; pero apenas son aceptados por la investigación teológica de Alemania. Mi ensayo ha sido bien recibido y discutido por estudiosos en el extranjero: R. P. Ericksen, *Zur Auseinandersetzung mit und um Gerhard Kittels Antisemitismus:* «Ev. Theologie» 43 (1983) 250-270; J. S. Vos, *Politiek en Exegese, Gerhard Kittels beeld van het jodendom:* «Verkenning en Bezinning» 17/2 (1983); íd., *Antijudaismus/Antisemitismus im Theologischen Wörterbuch zum Neuen Testament:* «Nederlands Theologisch Tijdschrift» 38/2 (1983) 89-110.

Lo decisivo en este punto es que la historia de las facultades teológicas durante el Tercer Reich no constituye una página de gloria para los profesores de teología. Aun cuando algunos teólogos universitarios como D. Bonhoeffer, K. Barth, H. von Soden y R. Bultmann impulsaron la autoafirmación de la teología cristiana y de la Iglesia, y aun cuando algunas facultades como Bonn y Marburgo intentaron apoyar a la Iglesia confesante frente a estos pocos teólogos y facultades, son muchos más los que se esforzaban por llegar a una coexistencia armónica y sin conflictos entre cristianismo y nacionalsocialismo. Hay que admitir la idea de que la historia de las facultades de teología en el Tercer Reich fue en gran medida una historia de colaboración con el nacionalsocialismo, si bien no es fácil determinar sus dimensiones reales. Ya durante el Tercer Reich las facultades de teología protestantes habían perdido tanta confianza ante las fuerzas eclesiales que se inclinaban por la Iglesia confesante, que ésta erigió escuelas superiores propias con profesores de su confianza.

Vamos a describir brevemente en qué consistió esta colaboración de algunos profesores de teología alemanes con el nacionalsocialismo. La tarea que éstos se propusieron ante el antisemitismo racial del régimen nazi era «desjudaizar» la teología, la Iglesia y, en general, el cristianismo. Era preciso separar al cristianismo de sus raíces judías, liberarse de la común tradición judeocristiana transmitida en la Biblia, insistiendo en el aspecto de la lucha mutua y de la afirmación del cristianismo frente al judaísmo.

Para lograr esta aniquilación espiritual de la herencia judía dentro del cristianismo existían varias instituciones estatales y eclesiales, en las que colaboraban renombrados profesores de teología: el «Instituto del Reich para la historia de la nueva Alemania», fundado en 1936 en Munich bajo la dirección del historiador nazi Walter Frank, en el cual dos profesores protestantes de teología de Tubinga intentaban elaborar un concepto de raza para la historia de la cultura; la escuela bíblica de la «Iglesia futura», institución de los Cristianos Alemanes de Bremen que querían preparar una Biblia «desjudaizada»; el «Instituto para la investigación de la influencia judía en la vida eclesial alemana», fundado en 1939 en Wartburg bei Eisenach (Turingia). Particularmente estas dos instituciones eclesiásticas reunieron gran número de profesores de teología en grupos de trabajo antijudíos. Entre las dieciocho facultades estatales de teología protestante de Alemania apenas hubo alguna en la que no hubiera uno o varios miembros que tomaran parte en algún programa estatal o eclesial de «desjudaización».

Estos teólogos, al considerar el antijudaísmo como parte esencial del cristianismo, no pudieron obstaculizar el antisemitismo racista. Sus argumentos teológicos antijudíos tuvieron resonancias directamente políticas, dadas las condiciones del Tercer Reich: su argumento de que la relación entre cristianismo y judaísmo debía determinarse únicamente por la contraposición entre ambas religiones, establecía una separación entre las Iglesias cristianas y los judíos; tal argumento liberaba a las Iglesias de su responsabilidad para con los judíos y pretendía incluso establecer una coalición con los nacionalsocialistas. Afirmaba implícita y explícitamente que el nacionalsocialismo y el cristianismo eran aliados en la lucha contra los judíos.

Otro argumento antijudío, que podía fácilmente fusionarse con el antisemitismo nacionalsocialista, era que el cristianismo supera al judaísmo, lo suprime, es éticamente la religión superior. Esta argumentación teológica hacía del judaísmo una religión inferior y, por haber sido superada por el cristianismo, superflua. En la propaganda nacionalsocialista apareció el argumento de la superioridad de la raza aria frente a la raza judía, inferior e inmoral.

La integración de la mentalidad y actuación antijudías en una ideología y una política antisemitas no se efectuó por primera vez en la Alemania nazi. Los argumentos teológicos antijudíos han provocado persecuciones en innumerables momentos de la historia de la Iglesia. Así he intentado demostrarlo en trabajos anteriores, con ayuda de algunos ejemplos significativos: el de Lutero, el del escriturista de Tubinga Gerhard Kittel y el del teólogo y exegeta Walter Grundmann [4]. Pero me pregunto si el antijudaísmo teológico es problema exclusivo del protestantismo alemán o, por el contrario, afecta también a teólogos católicos y no alemanes [5]. Aquí se abre un amplio campo para la investigación crítica. Una teología que favorece y aprueba el racismo emplea estructuralmente la misma argumentación que empleaban los teólogos protestantes para proceder contra los judíos de su tiempo.

Una teología que ayude a aniquilar, espiritual y físicamente, a los judíos y a cualquier supuesto adversario abandona el evangelio de Jesucristo. Quizá los cristianos de Alemania no quisieron ni pudieron com-

[4] L. Siegele-Wenschkewitz, *Mitverantwortung und Schuld der Christen am Holocaust:* «Ev. Theologie» 42 (1982) 171-190; íd., *Antijudaismus und Antisemitismus bei Luther,* en B. Klappert/H. Kremers/L. Siegele-Wenschkewitz (eds.), *Martin Luther und die Juden - Die Juden und Martin Luther* (Neukirchen-Vluyn 1984).

[5] El antijudaísmo como fundamento del antisemitismo, en el ámbito del catolicismo, es estudiado por H. Greive, *Theologie und Ideologie. Katholizismus und Judentum in Deutschland und Österreich 1918-1935* (Heidelberg 1969).

prender esto antes del Holocausto, pero después de Auschwitz es una evidencia irrefutable. Después de Auschwitz, los cristianos hemos de convertirnos para comprender que cualquier hostilidad para con los judíos es un pecado contra el Espíritu Santo.

L. SIEGELE-WENSCHKEWITZ

[Traducción: B. RODRÍGUEZ LORENZO]

EL HOLOCAUSTO
EN LA FILOSOFIA Y LA TEOLOGIA
Una pregunta en torno a la verdad

En un importante artículo titulado «Cristianos y judíos después de Auschwitz», J. B. Metz plantea un importante imperativo a los teólogos cristianos contemporáneos: «Ya no se puede seguir haciendo una teología que no responda o que no pueda responder al hecho de Auschwitz» [1]. En su reflexión sobre las implicaciones de este imperativo para la teología cristiana contemporánea y para el diálogo judío-cristiano, advierte que el verdadero problema consiste en que «todo debe ser considerado a la luz de Auschwitz». «Esto afecta al modo cristiano de afrontar *la cuestión de la verdad*... Afrontar la verdad significa, en primer lugar, no ocultar la verdad sobre Auschwitz y desenmascarar cruelmente el mito exculpatorio y los mecanismos de trivialización frecuentemente divulgados entre los cristianos... Con demasiada frecuencia la verdad —o lo que los cristianos han hecho pasar arrogantemente y de modo inmisericorde como la verdad— ha sido usada como arma e instrumento de tortura y persecución contra los judíos» [2].

El presente estudio parte de la aceptación de este imperativo y de esta advertencia. En consecuencia, se propone una doble tarea: reflexionar sobre el significado y las implicaciones de este imperativo para la teología cristiana contemporánea y, mediante esta reflexión, hacer surgir de nuevo el auténtico problema, sólo que de una forma profundamente crítica elaborada a la luz de Auschwitz. Mediante esta reflexión espero sugerir la necesidad de una ulterior ampliación del pensamiento teológico cristiano: poner el problema de la ideología, es decir, el de las condiciones y criterios de un discurso no ideológico, en el centro de la reflexión teológica sobre la verdad del discurso cristiano y teológico en cuanto tal.

I. LA SITUACION

«No seguir haciendo una teología que no responda o no pueda responder al hecho de Auschwitz». Esta simple formulación, que constituye un imperativo sumamente exigente, conduce a reconocer una serie

[1] J. B. Metz, *The Emerging Church* (Nueva York 1981) 28.
[2] *Ibíd.*, 21-22.

de consecuencias. La primera y más importante es que este imperativo supone un indicativo: Auschwitz es un hecho. Además, este hecho es algo más que un acontecimiento histórico entre otros, puesto que marca la división de dos eras teológicas: antes y después. Al menos una parte del alcance de este imperativo es que las teologías cristianas reconozcan este hecho y se dejen afectar por él. Pero también es necesario que el pensamiento teológico cristiano esté en condiciones de dejarse modificar por este acontecimiento. No sólo está fuera de lugar una teología cristiana que no responda o no pueda responder a Auschwitz. ¿Qué se requiere para ello? ¿Qué acontece cuando el pensamiento cristiano se enfrenta a la inalterable actualidad de Auschwitz? Estos interrogantes servirán de líneas básicas a nuestra reflexión.

Comenzamos por el indicativo: Auschwitz es un hecho. Pero esto no es sólo el comienzo, sino un punto al que es indispensable volver en el curso de todo este trabajo y que debe estar también presente en el fin del mismo. Nuestra intención es explicar la interpretación que hacemos de este hecho en la primera sección.

Para que la horrible palabra Auschwitz no pierda su concreción histórica y su horror, comenzaremos inmediatamente poniendo de relieve la realidad que representa: la tortura y asesinato sistemático de millones y millones de niños, mujeres y hombres judíos, planificado con una premeditación minuciosa, con la complicidad, expresa o tácita, de miles de personas y el silencio de todo el mundo, en medio de una realidad cultural, social e histórica, que es cristiana, europea. En todos los países de la Europa de Hitler, con las únicas excepciones de Dinamarca y Finlandia, millones de seres humanos, tanto niños como ancianos, fueron acosados, torturados psicológica y físicamente y asesinados por el solo crimen de que, perteneciendo a la raza judía, seguían gozando de la condición de seres humanos y de la vida. Para los judíos que vivían en países directamente dominados por Alemania no había escapatoria. El noventa por ciento fueron exterminados: tres millones de judíos polacos, 228.000 de los países bálticos, 210.000 de Alemania y Austria, 80.000 del protectorado de Bohemia y Moravia, 1.352.000 de la Rusia blanca, de Ucrania y de Rusia. También en otros países fueron conducidos los judíos a la muerte: 105.000 en Holanda, 54.000 en Grecia, 90.000 en Francia y otros muchos miles en Eslovaquia, Hungría, Bélgica, Yugoslavia, Rumania, Noruega, Bulgaria, Italia y Luxemburgo [3].

El número de muertes y la geografía de las mismas producen espanto. Con todo, esto es sólo el principio de las conclusiones que podemos

[3] Cf. Lucy Dawidowicz, *The War Against the Jews, 1933-1935* (Nueva York 1975).

sacar sobre la actualidad de Auschwitz. El pensamiento y la imaginación se sumen en el desconcierto ante la dura realidad de este mecanismo de deshumanización y de muerte, ante el impresionante número de muertos y ante los millones, todavía silenciosos, que activa o inactivamente contribuyeron a su trágico fin. Se estremecen ante el abismo sin fondo del odio que allí se manifiesta, ante el mal indecible de un mecanismo humano que, más allá de los objetivos militares y políticos, tenía como único propósito no sólo la muerte, sino también el más alto grado de degradación y sufrimiento antes de morir. Finalmente, el pensamiento y la imaginación se ven desbordados ante el insondable horror de la actualidad: la realidad e inaceptabilidad, infinitas en su concreción, de estos sufrimientos y de esta muerte. Las voces, horrorizadas y rotas, de las víctimas y supervivientes, los testimonios e imágenes capaces de anular cualquier imaginación humana, el todavía más aniquilador vacío de los miles y miles que les acompañarán por siempre en su silencio, todo esto puede en sí mismo evocar la actualidad concreta y la afrenta infinita de la realidad simbolizada por la palabra «Auschwitz». Aquí no cabe ninguna clase de triunfalismo filosófico o cristiano, ni el recurso a generalizaciones sobre el «sentido» del sufrimiento, o a la necesidad histórica, o a que todo esto se puede explicar claramente en categorías teológicas cristianas. Todo esto debe enfrentarse con la terrible actualidad de estas voces, con la sobrecogedora actualidad y con la infinita inaceptabilidad de un hecho: Auschwitz está ahí.

Sin embargo, en este mismo hecho, que es mucho más que un acontecimiento histórico entre otros, se impone una constatación: Auschwitz nos marca a todos y nos lanza un reto. Un reto que nos afecta en cuanto seres humanos, en cuanto personas que todavía somos capaces de sentir los sufrimientos de los demás y de horrorizarnos ante ellos. En cuanto participantes y herederos del mundo histórico, cultural y religioso que hizo posible todo esto y que ha sido definitivamente alterado por ello. En cuanto participantes de un mundo cultural e histórico, con su historia y sus tradiciones religiosas, filosóficas, políticas, sociales, culturales y lingüísticas, incapaces de eludir lo sucedido y situados ante la necesidad de comprendernos en ese contexto concreto, ya no nos es posible retroceder a «antes» de ese acontecimiento ni situarnos «más allá» de su actualidad insondable. Ya no podemos comprendernos sino en una historia cuyo progreso ha sido roto y en unas tradiciones que han sido puestas en peligro por la realidad de Auschwitz. En este sentido, ninguno de nosotros es libre de decidir si se confronta o no con la ruptura histórica representada por la palabra Auschwitz. Auschwitz nos afecta no ya de lejos, sino en el centro mismo de nuestra conciencia histórica, cultural y religiosa.

No se trata, pues, solamente de una interpretación del acontecimiento de Auschwitz, sino de una reflexión hermenéutica, de una interpretación de la interpretación. Esta es la línea que seguirán nuestras siguientes reflexiones. Puesto que consideramos que está fuera de lugar toda teología cristiana que no se deje afectar por Auschwitz, ¿cómo deberá ser la reflexión teológica?, ¿qué acontece cuando ésta encuentra la actualidad de Auschwitz?

II. UNA REFLEXION DESDE LA HISTORIA Y LA SOCIEDAD

La primera y más obvia condición de esta clase de pensamiento es que la reflexión se dirija a la historia y a los acontecimientos históricos no de un modo externo y en cuanto objetos de un pensamiento que se comprende a sí mismo en términos fijos y categoriales, es decir, desde fuera de la historia, sino de un modo interno, capaz de afectar al proceso y la construcción del pensamiento y de penetrar en las condiciones internas del mismo. Esto es lo que, a mi modo de ver, tiene una importancia particular en lo que puede ser considerado como nuevo giro en la interpretación de la naturaleza y las tareas del pensamiento humano, como se evidencia en diversas disciplinas contemporáneas, entre las que se hallan la filosofía hermenéutica de H. G. Gadamer y las investigaciones sociales de la Escuela de Francfort, desde Horkheimer hasta Habermas. A pesar de las importantes diferencias constatables en estas obras y en las teologías contemporáneas que se han desarrollado en diálogo con ellas, las coincidencias son mucho más importantes: las críticas dirigidas contra los modelos de pensamiento y de mundo cerrados en sí mismos, ahistóricos y dualistas, así como el redescubrimiento de una interpretación social e históricamente cambiante de la construcción del mundo humano y de la filosofía, de la teoría social y de la teología, en cuanto productos y factores de esta progresiva «construcción social» del mundo.

Como es lógico, no podemos en el breve espacio de este trabajo detenernos a dar una interpretación sistemática de este «giro», de cada uno de los complejos textos con sus diversas interpretaciones, ni de sus conexiones, todavía más complejas, con el pensamiento del siglo XIX, particularmente con la obra de Hegel [4]. Sin embargo, para aclarar de algún modo su importancia y alcance con respecto al pensamiento teológico cristiano después del Holocausto, me centraré brevemente en los

[4] Cf. Garbis Kortian, *Metacritique* (Cambridge University Press 1980), y los escritos de Emil Fackenheim.

cuatro puntos siguientes: 1) Se trata de una interpretación profundamente histórica del carácter dinámico e interactivo del desarrollo humano; esto quiere decir que los seres humanos no son «naturalezas» fijas, sino seres en constante proceso de formación y transformación, debida a relaciones tanto mutuas como con el mundo físico en los ámbitos tecnológico, social y cultural (de carácter histórico y cambiante). 2) Esta interacción de los seres humanos entre sí y con el mundo físico se halla mediada (tecnológica, cultural, lingüísticamente, etc.) y, en este sentido, ligada a una comunicación interactiva, a un lenguaje y a una interpretación. De ahí que la interacción entre los mismos sujetos y con el mundo incluye un carácter intrínsecamente interpretativo (hermenéutico); nos interrelacionamos y comprendemos a nosotros mismos y al mundo mediante actos constantes de interpretación de los medios (lingüísticos y extralingüísticos) de esta comunicación interactiva. De hecho, entenderse a sí mismo viene a ser una conversación con otros que requiere actos continuos de traducción creadora —la generación de nuevos «lenguajes»—, necesarios para descubrir y formar un mundo intersubjetivo y, consiguientemente, objetivo. 3) Esta comunicación interactiva se halla afectada y condicionada por la estructura formativa de las tradiciones e instituciones lingüísticas, literarias, culturales, sociales y religiosas, las cuales, a su vez, son producto de la continua interacción de los sujetos socialmente conformados. Fuera de estas tradiciones no existe nada que permita al pensamiento reflexivo constatarlas y analizarlas «libremente». Es más, el pensamiento encuentra en ellas la única condición concreta de su propia posibilidad. 4) En cuanto agentes humanos capaces de percepción, creatividad, reflexión y acción, los hombres no somos simple producto, sino que participamos de este continuo proceso de formación de nosotros mismos y del mundo; tal proceso, a la vez que puede ser transformado por ella, puede transformar nuestra mutua interacción y las tradiciones e instituciones en que se da.

Esperamos que estos cuatro puntos habrán contribuido a aclarar que «el giro sociohistórico, hermenéutico y práctico» que ha tenido lugar en diversas disciplinas, incluyendo las teológicas, parece apoyarse en el redescubrimiento de que la estructura, social e históricamente cambiante, del mundo humano, de la filosofía, de la teoría social y de la teología debe ser comprendida como producto y como agente práctico de la continua construcción social («conversacional» o comunicativa) de nosotros mismos y del mundo.

¿Qué acontece cuando el pensamiento teológico cristiano, así entendido, se encuentra a sí mismo confrontado con la actualidad de Auschwitz? O más concretamente, ¿qué acontece a la reflexión filosófica y teológica cuando la historia y la sociedad son comprendidas no como mero objeto, sino como constitutivo intrínseco del sujeto reflexivo? ¿Qué nuevos problemas surgen en el pensamiento mismo cuando se enfrenta con la auténtica posibilidad de entender y pensar? A mi juicio, estos problemas son al menos dos y pueden ser descubiertos en la actualidad de Auschwitz: por una parte, la fuerza que irrumpe con ciertos acontecimientos históricos, particularmente aquellos que ocasionan un sufrimiento humano tan desmesurado y radicalmente inaceptable que rompe los esquemas tradicionales y también la retórica de nuestra conciencia histórica (y religiosa); por otra, la cuestión (que afecta a la propia autocomprensión) de la distorsión ideológica en las mismas tradiciones, textos e instituciones en los que se ha formado la visión que tenemos de nosotros mismos: el antisemitismo cristiano es un ejemplo de distorsión sistemática en las tradiciones, enseñanzas y textos cristianos. Tenemos que referirnos a una serie de textos cuya actitud crítica con respecto a la filosofía hermenéutica de H. G. Gadamer y otros plantea una importante exigencia para el pensamiento teológico cristiano después de Auschwitz. Se trata de la obra de la «primera» Escuela de Francfort (Benjamin, Adorno, Horkheimer) sobre el significado de los acontecimientos históricos, particularmente los que acarrean sufrimiento humano, para nuestra propia autocomprensión histórica (y religiosa); también hemos de referirnos a la «última» Escuela de Francfort sobre la necesidad y posibilidad de desenmascarar las distorsiones sistemáticas en las tradiciones e instituciones que condicionan y conforman la comprensión que tenemos de nosotros mismos.

III. RUPTURA DE LA HISTORIA Y RECUPERACION DE LA APOCALIPTICA

Entre los miembros de la primera Escuela de Francfort, Walter Benjamin es quien más ha insistido en el significado de los acontecimientos históricos, especialmente los del dolor humano, en cuanto ruptura de las concepciones históricas de signo cultural o desarrollista. La disparidad entre ellas es notable en la obra de Benjamin, particularmente en las *Tesis sobre la filosofía de la historia,* obra terminada en 1940, inmediatamente antes de su muerte, cuando huía del Holocausto. Según su observación, «los tesoros culturales tienen un origen que no puede ser contemplado sin horror»... «No existe ningún documento de la civilización que no sea al mismo tiempo un documento de barbarie» [5]. Todavía más

[5] Walter Benjamin, *Theses on the Philosophy of History,* en Hannah Arendt (ed.), *Illuminations* (Nueva York 1969) 256.

tajantes son las imágenes del *Angelus Novus,* el ángel de la historia, que contempla el naufragio de ésta y quisiera hacer despertar lo muerto y recomponer lo roto, pero es arrojado del paraíso por una tempestad y lanzado hacia el futuro mientras los despojos se dispersan por el cielo: «Esta tempestad es lo que nosotros llamamos progreso» [6]. En su «lucha por el pasado oprimido» [7], Benjamin rechaza todas las filosofías de la historia historicistas, culturales y universalistas. Intenta «dejar abierto el *continuum* de la historia» [8] tanto para descubrir su naufragio como para dejarlo abierto a una dramática y total ruptura con la historia, es decir, al acontecimiento mesiánico, a la redención de la totalidad mediante un acontecimiento y una fuerza denominada por Horkheimer lo totalmente Otro [9].

J. B. Metz es el teólogo contemporáneo más influido por el espíritu de la obra de Benjamin y por esta correlación entre la inaceptabilidad del sufrimiento humano, el rechazo de los modelos desarrollistas y evolutivos de la historia y el redescubrimiento de la apocalíptica. Si su obra anterior estaba marcada por la atención a la sociedad crítica y tecnológica y por el interés en recuperar lo sociohistórico, práctico y político en la sociedad contemporánea y en el cristianismo, su obra más reciente se caracteriza por el reconocimiento, en la línea de Benjamin, de que lo que se encuentra en la historia —acontecimientos de sufrimiento, particularmente el de Auschwitz— debe hacer saltar toda la narrativa histórica tradicional centrada en los «vencedores» y en unos esquemas histórico-teológicos que tienden a reducir las víctimas de la historia a meros medios para un fin [10]. En contraste con la condescendencia, el individualismo y privatismo del cristianismo burgués y con estos modelos de historia, Metz subraya la necesidad de una teología cristiana narrativa en solidaridad con las víctimas, que a mi modo de ver responde profundamente al Evangelio de Marcos: una narración que expresa y testimonia sucesos particularmente negativos (remotamente, la pasión y muerte de Jesús y, más próximamente, la destrucción de Jerusalén) constituye una ruptura porque destruye la negatividad de estos sucesos y al mismo tiempo se abre a la expectación apocalíptica de la redención de todo, ya inminente, si bien aún oculta, todavía no realizada.

[6] *Ibíd.,* 258.

[7] *Ibíd.,* 263.

[8] *Ibíd.,* 262.

[9] Cf. Paul R. Mendes-Flohr, *To Brush History Against the Grain: The Eschatology of the Frankfurt Schoole and Ernst Bloch:* JAAR 51 (1983) 631-650.

[10] J. B. Metz, *Theology of the World* (Nueva York 1973); íd., *La fe, en la historia y en la sociedad* (Ed. Cristiandad, Madrid 1979).

Pienso que la teología de Metz tiene gran fuerza e importancia como correctivo crítico de toda escatología cristiana plenamente «realizada», como recuperación de la apocalíptica en los textos y tradiciones cristianas y, más todavía, como respuesta a la muerte y el sufrimiento humanos profundamente cristiano, moral y creíble. En primer lugar, y en contraste con la frecuente complacencia cristiana ante los sufrimientos de los otros, se trata de recuperar una sensibilidad y un principio moral fundamental. En la estructura de una compasión (personal) y una solidaridad (personal, política y social) para con las víctimas es necesario reconocer una doble alteridad: la de la víctima, cuya experiencia de sufrimiento y de muerte no puede ser apropiada por ningún otro y cuyo testimonio tiene una irrevocable autoridad [11], y la alteridad de ese sufrimiento y de esa muerte con respecto a lo que debería ser. Así, contra lo que con frecuencia no pasa de ser complacencia cristiana, esta recuperación de la afrenta moral y humana, de la sorpresa y el espanto ante ese sufrimiento, es un reconocimiento apasionado y cristiano de que eso no debería ser. Al mismo tiempo es una recuperación de la promesa de redención del sufrimiento y la muerte y, consiguientemente, de la apocalíptica, del radical «todavía no», en las tradiciones religiosas cristianas. Me gustaría sugerir que nuestras obras son solidarias y deben servir de base cognitiva para los otros: el reconocimiento de un acontecimiento de sufrimiento humano de tal magnitud que hace saltar toda teodicea tradicional y todos los intentos de explicar y hacer aceptable tal sufrimiento da paso al reconocimiento de la apocalíptica; a su carácter de interrupción, que afecta tanto a la historia como al pensamiento, corresponde una clara conciencia de que su única redención posible es también una interrupción que trasciende el curso de la historia y las categorías del pensamiento humano. A su vez, el reconocimiento de la apocalíptica puede ser también una condición para el reconocimiento del carácter radical y permanentemente inaceptable de ese acontecimiento, al mismo tiempo que hace posible una nueva conciencia radical de la totalidad del sufrimiento humano y de la totalidad de la redención esperada. Mantener la tensa unidad narrativa de esta solidaridad, de esta doble alteridad y de esta expectación creo que es lo que confiere una extraordinaria fuerza a la teología cristiana narrativa propuesta por Metz. De algún modo, en esto consiste la extraordinaria fuerza de Marcos.

Pienso que de este modo se hace posible una respuesta auténticamente cristiana al horror de Auschwitz que evite las tentaciones de apropiación y de complacencia por parte del cristianismo. Esta teología no excluye, sino que incluye, la interpretación religiosa y teológica de estas

[11] Cf. W. Benjamin, *The Storyteller,* en *Illuminations,* 83-109.

realidades en el horizonte de la pura gratuidad de la existencia y de la presencia de la gracia en el mundo y en la vida humana. En este contexto, hablar de la presencia redentora y gratuita de Dios en la historia no es plantear una objeción: después de Auschwitz esto es simplemente un interrogante que, si bien no estoy personalmente en condiciones de resolver, de ningún modo resta importancia a esta respuesta. En el mundo después del Holocausto el reconocimiento de la radical inaceptabilidad de tales sufrimientos y del radical «todavía no» puede ser no sólo un índice de nuestro cristianismo, sino también de nuestro humanismo.

IV. LA RECUPERACION DE LA SOSPECHA Y LA CUESTION DE LA VERDAD

Desde la fuerza religiosa y retórica de esa narración de elipsis y de interrupción hasta las exigencias, más teóricas, de la crítica de las ideologías existe un largo camino que es preciso recorrer. Independientemente de la idea que se tenga de la influencia cristiana en la ideología de Hitler, se puede afirmar que el acontecimiento de Auschwitz fue precedido y de algún modo hecho posible por varios siglos de antisemitismo cristiano. A pesar de lo importante que es la compleja tarea histórica y sociológica de desenmascarar las causas y las implicaciones, no son éstas, sino el acontecimiento mismo, lo que nos permite afirmar de un modo absoluto que después de Auschwitz ya no se puede tolerar ninguna forma de antisemitismo cristiano. Este absoluto permite lanzar retrospectivamente una sospecha radical sobre las tradiciones, textos, enseñanzas e instituciones cristianas y, prospectivamente, una sospecha radical sobre la pretendida «inocencia» de las doctrinas, símbolos y escritos cristianos y sobre su influencia en la conformación de la historia real del antisemitismo cristiano y de las instituciones contemporáneas tanto religiosas como políticas y sociales [12]. La crítica de las ideologías no sólo afecta al pasado, sino que, en cuanto somos herederos de ese pasado, constituye una tarea actual y prospectiva.

Numerosas obras relevantes de estos últimos años han hecho ver claramente la intensidad y objetividad de esta sospecha. La obra de Rosemary Ruether *Faith and Fratricide* [13] incluye un análisis crítico de las

[12] David Tracy, *History, Historicity and Holocaust* (conferencia sobre el Holocausto en la Universidad de Indiana).

[13] Rosemary Ruether, *Faith and Fratricide* (Nueva York 1974). Para una discusión sobre la obra, cf. A. Davies (ed.), *Antisemitisme and the Foundation of Christianity* (Nueva York 1979).

raíces neotestamentarias del antisemitismo (especialmente en Mateo y en Juan) en las tradiciones hermenéuticas, que encuadraron estos textos en un antisemitismo todavía más sistemático, y en ciertas doctrinas de Cristo. Otros autores han ampliado este análisis a los textos paulinos [14] y a las tradiciones posteriores. Se suele coincidir en que uno de los factores centrales del desarrollo del antisemitismo fue la apropiación cristiana del derecho a interpretar la Escritura y el nacimiento consiguiente de ciertas concepciones que consideraban al pueblo judío como «carnal» e incapaz de reconocer el «sentido espiritual», tan presente en las tradiciones cristianas. El cristianismo se convertía así en el «nuevo Israel» que superaba y suplantaba al judaísmo, al que, explícita o implícitamente, se negaba todo ulterior derecho a existir religiosa y humanamente. El que tal negación se hiciera tan horrorosamente explícita en Auschwitz convierte hoy en intolerable incluso lo implícito.

En estos escritos también se expresa con toda intensidad la sospecha de que lo que está en juego es la misma «viabilidad» del cristianismo. Si bien es cierto que buena parte de esa intensidad se debe al horror humano y moral ante Auschwitz, cabe sugerir que aquí se halla implicada implícitamente una concepción operativa de las condiciones de verdad del discurso religioso cristiano y teológico. Dicho brevemente y de modo negativo, ninguna teología, doctrina o símbolo cristiano pueden ser verdaderos si tienen como efecto la devaluación sistemática y la negación de la existencia, autenticidad y derecho de los otros a su propia interpretación. En sentido positivo, se trata de un cambio importante en la interpretación del carácter de la verdad religiosa y teológica que refleja el reconocimiento de la estructura comunicativa del hombre y del mundo: la objetividad y la verdad no aparecen en el monólogo de una correspondencia de hechos y teorías, sino que necesitan de la mediación lingüística e intersubjetiva. Lo que está en juego en el antisemitismo, en cuanto distorsión sistemática en las tradiciones, instituciones e historia cristianas no es tanto una cuestión de justicia —la legitimación de la opresión— cuanto una cuestión de verdad: si las teologías y doctrinas, junto con las estructuras institucionales cristianas que las encarnan, posibilitan una verdadera, auténtica y justa comunidad de interpretación y, por consiguiente, la verificación intersubjetiva de su apertura y verdad en una amplia comunidad de intérpretes. Esta es la cuestión planteada por gran número de críticas contemporáneas —incluso intracristianas y teológicas— en las que se destaca que el cristianismo ha reflejado y reforzado el sexismo, el racismo y el clasismo. Así, la crítica

[14] E. G. Sanders, *Paul and Palestianian Judaism* (Filadelfia 1977); John Cager, *The Origin of Anti-Semitisme* (Oxford University Press 1983).

feminista del cristianismo no ha insistido tanto en lo que las tradiciones cristianas han dicho sobre la mujer cuanto en el modo en que, en determinados contextos institucionales y sociopolíticos, sus símbolos y doctrina han excluido, explícita o implícitamente, a las mujeres de la tarea teológica, religiosa, social, cultural y política [15]. Tampoco aquí se planteaba una cuestión de justicia, sino una cuestión de verdad en la comprensión del mundo, del hombre y de Dios. A mi juicio, en todas estas críticas ya aparece una interpretación de las condiciones para una intersubjetividad y un consenso mediados lingüísticamente, en el sentido expuesto por Jürgen Habermas en su teoría de la competencia comunicativa. Si se la utiliza críticamente, su obra puede ser de gran interés para la reflexión teológica cristiana sobre las condiciones de verdad del discurso religioso y teológico.

Aunque no podemos explicar aquí todo el alcance de la teoría de Habermas, diremos que comienza por un reconocimiento de la estructura comunicativa del mundo y del hombre. Según él, en toda relación comunicativa con otros se da siempre la intención de un encuentro. Puesto que la comunicación del lenguaje ordinario ya lleva consigo esta finalidad, no es preciso buscar el modelo normativo para la verdadera comunicación fuera del discurso o la historia ordinarios. Basta con explicitar las normas implícitas en nuestra intuición de lo que se requiere para «llegar a un encuentro». Basándose en el conocimiento implícito de lo que es «llegar al encuentro», el funcionamiento del lenguaje se funda en un consentimiento inicial implícito sobre los criterios que permiten distinguir un encuentro o consentimiento verdadero de uno falso: se trata del reconocimiento no ya de una, sino de cuatro exigencias de validez que los interlocutores admiten implícitamente en toda acción comunicativa. Además de la exigencia de comprensibilidad (el uso correcto de las reglas lingüísticas para producir una expresión inteligible), el lenguaje ordinario de comunicación descansa sobre otras tres exigencias de validez de las que los diversos participantes deben ser tácitamente responsables: 1) la exigencia de verdad en el componente proposicional de la expresión; 2) la exigencia de veracidad o autenticidad en el que habla; 3) la exigencia de rigor en las normas de interacción y de propiedad en el componente «performador» de la interacción de tales normas. Estas, con la consiguiente explicación de Habermas de las condiciones de su funcionamiento, pienso que pueden constituir uno de los principales recursos críticos y constructivos para la teología cristiana.

[15] Cf. Mary Daly, *Beyond God the Father* (Boston 1973).

Sin duda, los recursos de la obra de Habermas necesitan una corrección crítica. En mi opinión, esta crítica debe orientarse en el sentido de lo que Thomas McCarthy ha llamado «desintensificación de los motivos hermenéuticos» [16] en su obra a partir de 1970; personalmente, lo llamaría, más rigurosamente, tendencia a destruir la estructura universal y trascendental, a la vez que el alcance hermenéutico, creativo y analógico de la acción comunicativa.

El desarrollo de criterios formales, de normas para un discurso no ideológico, no puede reemplazar en modo alguno la tarea de desenmascarar la distorsión de las tradiciones, como acontece en la interpretación crítica de Ruether y otros, sino que debe robustecerla y servirle de apoyo. Tampoco debe suplantar el ámbito de nuestros intentos concretos, siempre metafóricos y ambiguos, de comprendernos a nosotros mismos, a los otros y a nuestro mundo; en nuestro caso, a la luz permanente de Auschwitz. Volvemos al principio: Auschwitz está ahí como un hecho que nos afecta a todos.

M. KNUTSEN

[Traducción: G. CANAL]

[16] Thomas McCarthy, *The Critical Theory of Jürgen Habermas* (Cambridge, Mass. 1978) 379.

OBRAS EN TORNO AL TEMA DEL HOLOCAUSTO. ¿UN NUEVO GENERO LITERARIO?

No ha habido en nuestro siglo ningún desafío mayor a la manera convencional de entender un género literario que el producido por la literatura que versa sobre el tema del Holocausto. La justificación de esta pretensión tiene su fundamento no sólo en la alteración de los géneros familiares por parte de los escritores que abordan el tema del Holocausto y en su aportación de nuevas categorías al elenco histórico de los géneros literarios, sino también, y de manera mucho más importante, en el modo como la literatura sobre el Holocausto choca con nuestros presupuestos corrientes sobre las relaciones entre literatura e historia, literatura y vida y sobre el acto mismo de la lectura.

Si nos adentramos por un momento en la noción convencional de género como categoría literaria, podemos advertir la notable diversidad de formas que integran la literatura del Holocausto. Además de grandes relatos y expresiones poéticas, comprende relatos testimoniales, narraciones heroicas de los líderes de la resistencia, escritos redactados a título de testamento o antes de un suicidio, *graffiti* y fragmentos de sentencias grabadas en lugares ocultos y en cámaras de ejecución. Entendidos convencionalmente en función de una época histórica y de sus acontecimientos —del mismo modo que, por ejemplo, afirmamos que una literatura versa sobre temas de la Revolución Francesa y otra refleja los ideales y la cultura del mundo medieval—, sería legítimo esperar que la literatura en torno al Holocausto abarcara textos que, como otros textos literarios, se leyeran eventualmente por su interés temático, distanciándose de las experiencias que les dieron origen, y se encuadraran en unos modelos genéricos que orientasen nuestra lectura de los mismos.

Sin embargo, los textos literarios que tienen como marco principal de referencia el tema del Holocausto, parecen responder menos que otras obras históricas a experiencias de tipo histórico, como Buchenwald, Auschwitz o el *ghetto* de Varsovia. De hecho, descubrimos que expresan un doble referente: en primer lugar, la responsabilidad de contar lo que ocurrió para que no vuelva a ocurrir; en segundo lugar, miedo a la posible domesticación que pueda resultar cuando las violaciones patentes de los derechos humanos se convierten en literatura. En virtud de la tensión existente entre esta responsabilidad y este temor, podemos afirmar que la literatura en torno al Holocausto, como género, fuerza al lector a responder de manera diversa, a sentir y a desarrollar nuevos hábitos de pensamiento. Para decirlo con palabras de Alvin Rosenfeld, «la literatura sobre el Holocausto... tiene tal alcance que nos obliga a contemplar lo que puede producir cambios fundamentales en nuestros modos de percepción y expresión, en nuestra nueva manera de estar en el mundo. Lo mismo que designamos y otorgamos validez a conceptos como 'mentalidad renacentista', 'sensibilidad romántica' y 'talante victoriano' para indicar anteriores cambios de conciencia y de expresión, así también deberíamos empezar a descubrir que la literatura sobre el Holocausto constituye un intento de expresar un nuevo orden de conciencia, un perceptible cambio en el modo de ser... Aturdida por el terror y la tensión del acontecimiento, la imaginación llega a uno de sus límites periódicos; sin duda, también se sitúa en el umbral de otros puntos de partida nuevos y más difíciles» [1].

Estas afirmaciones nos dan un sentido vivo de la radicalidad de las exigencias planteadas por la literatura sobre el Holocausto. Y por esta razón, uno de los fines que persigue nuestro análisis del género debe consistir en indagar en qué sentido son verdaderas las pretensiones mencionadas. Nos interrogaremos si la literatura sobre el Holocausto constituye por sí misma un género distinto de las formas diferentes y convencionales en que está escrita (novelas, diarios, poemas, etc.). Finalmente, examinaremos la significación que tiene el análisis del género preguntándonos si proporciona pistas para leer crítica y adecuadamente las obras que se ocupan del Holocausto.

Nuestro primer paso será delimitar el género, para lo cual debemos empezar por describir algunas de sus formas más importantes. Esta descripción, siguiendo al especialista literario Tzvetan Todorov no debe ser ni demasiado particular ni demasiado general [2]. En casi todas las exposiciones generales sobre literatura del Holocausto encontramos mencionados en primer lugar los diarios: concretamente, *El diario de Varsovia,* de Chaim Kaplan; *El diario de Vittel,* de Yitzhak Katznelson; *El diario de Ana Frank;* las *Notas desde el ghetto de Varsovia,* de Emmanuel Ringelbaum; *El ghetto de Varsovia,* diario de María Berg. Damos por supuesto que los diarios constituyen textos privilegiados en el *corpus* de la literatura sobre el Holocausto no ya porque las más de las veces estén escritos por víctimas y no por supervivientes [3], sino porque

[1] Alvin H. Rosenfeld, *A Double Dying: Reflections on Holocaust Literature* (Bloomington-Londres 1980) 60-61. Véase también Lucy Dawidowicz, *A Holocaust Reader* (Nueva York 1976) introducción.

[2] Tzvetan Todorov, *The Fantastic: A Structural Approach to Literary Genre* (Nueva York 1973).

[3] Los diarios se suelen considerar como textos privilegiados porque por lo general fueron compuestos más por víctimas que por supervivientes. Al

plantean con especial urgencia el problema de si las experiencias narradas por las víctimas o por los supervivientes son desvirtuadas al ser transformadas en literatura. Con frecuencia aparecen observaciones en el sentido de que el autor se queda sin palabras ante las atrocidades que está testimoniando, o bien se ve obligado a hablar de los acontecimientos. Este dilema, presente en toda la literatura sobre el Holocausto, pone en tela de juicio la relación de la literatura con la experiencia.

En los diarios encontramos el hilo conductor que constituye la literatura del Holocausto en género. Ese hilo es el tema de la adecuación del lenguaje. A tal respecto, la literatura sobre el Holocausto empalma históricamente con la tradición judía y con el resto de la literatura contemporánea. Alfred Kazin, en su introducción al interesante estudio sobre la literatura del Holocausto, *By Words Alone,* de Sidra DeKoven Ezrahi, presenta ejemplos bíblicos que ponen de manifiesto el sentido judío de los límites del lenguaje: la creencia de que la realidad de Dios no puede ser nombrada y la idea de que la creación precede y sobrepasa al lenguaje. La misma Ezrahi habla de la «economía del lenguaje» que prevaleció en «l'univers concentrationnaire»: la economía de «un mundo contenido en sí mismo que generó su propio vocabulario y dio al lenguaje corriente significados nuevos y siniestros» [4]. Independientemente del peligro que entrañaba el hablar en los *ghettos* y campos de concentración, la parquedad en el lenguaje se convirtió en una condición de posibilidad para plantearse nuevos interrogantes sobre el destino humano, interrogantes que no había por qué plantear en momentos corrientes.

En la tradición judía la repugnancia a expresar con palabras un acontecimiento mediante el lenguaje puede ser tan fuerte que impone una prohibición dramática o ritual de llamar a las cosas por su nombre. En los diarios de Holocausto esta repugnancia a hablar no sólo obedece al horror ante la degradación del ser humano, sino a la ruptura entre experiencia y credibilidad.

Si es verdad que los diarios son textos privilegiados dentro de la literatura del Holocausto, las novelas ilustran la extensión y el alcance

hacer un análisis del género de los textos, importa poco la condición del autor, a no ser que ésta afecte a los textos mismos. Además, no todos los diarios fueron escritos por víctimas, ni siquiera por testigos oculares. Algunos supervivientes que plasmaron sus experiencias varios años después de transcurridos los acontecimientos parecen haber elegido la forma de diario con el fin de conseguir un mayor realismo: el diario es un vehículo adecuado para describir vivamente y documentar realísticamente los hechos y no exige que el autor establezca relaciones entre fenómenos que no tienen conexión clara o lógica.

[4] Sidra DeKoven Ezrahi, *By Words Alone* (Chicago 1980) x-xi, 10.

de la imaginación volcada en ellas. Según Rosenfeld, algunas novelas son explícitas al hacer referencia a los acontecimientos históricos, otras transforman los hechos «en visiones más abstractas de agonía, absurdo o sufrimiento mítico»[5], y otras abordan los temas considerando el Holocausto como un hecho pasado. En las novelas sobre el Holocausto el problema de la inadecuación del lenguaje suele estar representado por un personaje mudo, como el niño de Jerzy Kosinski en *El pájaro de colores,* el silencioso de Ellie Wiesel en *La ciudad más allá del muro.* Estos personajes tienen papeles importantes en la trama de tales novelas, cuyo mayor *suspense* estriba en descubrir las circunstancias de la actuación muda de los personajes y en la duda de si volverán a hablar alguna vez.

En la novela de Wiesel, por ejemplo, el personaje que representa Michael ha sido encarcelado en espera de interrogatorio y, entre las sesiones de tortura, se esfuerza por hacer responder a unos de sus compañeros de celda. «Este muchacho tiene un pasado»; «¿llegaré a conocer algo sobre él?...» [Michael] perseveró inexorable en su actitud. Los medios que tenía a su alcance eran pobres... «¿No tengo nada? No importa. Puedo hacer retroceder la noche con mis manos...». Cuando advirtió que el muchacho le miraba, se convirtió en otro hombre. Para poner al muchacho un ejemplo, bailó, rió, batió palmas, se arañó con sus uñas sucias, hizo muecas, sacó la lengua: él tenía que demostrar al muchacho que ser hombre era todo eso[6].

Luego, Michael dice al silencioso: «ya sé, pequeño; no es fácil vivir siempre con un interrogante. Pero ¿quién te dice que la pregunta esencial tiene respuesta? La esencia del hombre consiste en ser pregunta, y la esencia de la pregunta, en no tener respuesta». Michael siembra ideas y valores en el silencioso sin tener la satisfacción de oírle hablar antes de morir él mismo. Sin embargo, Michael ha cambiado, y toda la acción de la novela muestra que los esfuerzos no han sido estériles.

La narrativa sobre el Holocausto se entiende perfectamente como simultánea y paralela a la «nueva literatura», cuyas características generales son el absurdo, la desintegración de los valores, la discontinuidad psíquica, la maldad moral y física. El lenguaje constituye también un problema explícito en la «nueva» literatura. En la obra de Samuel Beckett *Stories and Texts for Nothing,* el narrador afirma como conclusión a uno de los relatos: «La memoria se quedó desfallecida y fría ante el relato que yo podía haber contado, un relato a semejanza de mi vida: sin valor para terminar ni fuerza para continuar». En la obra de Beckett,

[5] Rosenfeld, 71.
[6] Elie Wiesel, *The Town Beyond the Wall* (Nueva York 1964) 174.

reflejo del *pathos* de la literatura sobre el Holocausto [7], el problema del lenguaje se identifica con el de la literatura, es decir, con la posibilidad de «narrar». En otros autores de la nueva novela, el lenguaje se maneja para reflexionar sobre el lenguaje. En la obra de John Barth *Lost in the Funhouse,* los narradores hablan sobre lo que significan realmente las palabras escuchadas: citas de citas son citadas repetidamente; una grabación cuenta su propia historia. En las novelas de Robbe-Grillet, palabras tan sencillas como «hecho» y «ver» aparecen con frecuencia entre comillas como si se dudara de su significado u oportunidad. En obras como las de Barth, Beckett y Robbe-Grillet, el tema de la adecuación del lenguaje aparece de manera muy explícita como metalenguaje: el uso del lenguaje para llamar la atención tope del lenguaje como tal. Algunos autores alemanes (Günter Grass, Peter Weiss, Heinrich Böll y otros que se autodenominaron Grupo 47) reconocieron públicamente después de la segunda guerra mundial que la lengua alemana había sufrido tal inflación y distorsión con la propaganda nazi que asumieron como tarea primordial restaurar la integridad de la lengua. Algunos poetas del Holocausto, como Paul Celan y Nelly Sachs, dieron preferencia al lenguaje en su lucha con el Dios «silencioso». A pesar de que cada uno trata a su manera el problema de la adecuación del lenguaje, todos estos textos son un claro testimonio de la importancia de tal problema.

¿Podemos decir que la literatura del Holocausto constituye en sí un género o existe simplemente una semejanza temática, desarrollada en algunos géneros fácilmente identificables: diario, relato corto, novela, poema? Hay al menos tres razones para entender la literatura del Holocausto como género.

1) No sólo por sus formas diversas, sino como conjunto de textos, la literatura sobre el Holocausto constituye un desafío para los presupuestos de la literatura en general, los cuales se basan esencialmente en la tradición humanística que, a su vez, sufrió una crítica sistemática de sus fundamentos en la última década [8]. Los humanistas dan por sentado que la función de la literatura en general debe entenderse como catarsis (Aristóteles), sublimidad y belleza (Longinus), suspensión del escepticismo (Coleridge), emoción condensada en la tranquilidad (Wordsworth),

[7] Charlotte Beradt, *The Third Reich of Dreams* (Chicago 1968), citada por Lawrence L. Langer, *The Holocaust and the Literary Imagination* (New Haven-Londres 1975) 45-46, 144-145.

[8] Véase, por ejemplo, la obra de George Steiner, *In Bluebeard's Castle: Some Notes Toward the Redefinition of Culture* (New Haven-Londres 1971).

definiciones que apoyan una concepción de la literatura como simple acto constructivo de la imaginación. Pero la misma literatura sobre el Holocausto no tiene claro este punto; por su fidelidad a los actos siniestros de destrucción que constituyen el objeto material de su atención, resulta ambivalente al dar pistas sobre cómo debe leerse. Quizá no se pueda presentar el primer Auschwitz tal como fue —una improbabilidad posible— de tal modo que un segundo Auschwitz sea una probabilidad imposible. Esta ambigüedad en los textos mismos desemboca en una contradicción que no se encuentra en ninguna concepción humanista.

2) Dado que la literatura sobre el Holocausto tiene sus raíces en la historia del siglo XX, uno de sus rasgos más distintivos es que pone en duda la manera de entender el judaísmo y otras tradiciones religiosas afines. El motivo predominante de la literatura religiosa tradicional es la victoria heroica: sobre los propios enemigos, sobre la adversidad, sobre el mal. La literatura sobre el Holocausto es una literatura moderna: en ella ha desaparecido el triunfalismo que constituía la prerrogativa tradicional del superviviente.

No obstante, quizá la máxima tensión no resuelta en la literatura sobre el Holocausto consiste en que es judía a la vez que contemporánea. Esta literatura, leída sobre el trasfondo del relato de los Macabeos sobre la mujer y sus siete hijos asesinados por el rey al negarse a comer alimentos prohibidos por su religión, manifiesta notables semejanzas y diferencias. En 2 Mac 7, las valerosas víctimas del racismo, una tras otra, afrontan heroicamente una muerte espantosa, cantando y alabando a Dios por el privilegio de morir a manos de los hombres para que cese la cólera de Dios contra su nación. En la literatura sobre el Holocausto, esa aceptación incondicional de la cólera de Dios, del racismo, de la esperanza en la vida futura, ha desaparecido para siempre. En la historia anterior al Holocausto se podía morir por la propia fe porque ello respondía a una opción personal. Pero el Holocausto dejaba a las víctimas sin opción y destruía la conciencia judía: por primera vez parecía que Dios había roto la alianza. Y sin alianza no había judíos. Ni existía Yahvé. En palabras de Paul Ricoeur, «algo se ha perdido, irremediablemente: la inmediatez de la fe» [9]. Esta negatividad es el meridiano de nuestros días.

Con todo, en esta pérdida percibimos que hay también una ventaja que es única por su autenticidad e integridad tanto para Dios como para los hombres. Pero es una ventaja provisional y precaria, como se ve en la leyenda con que termina *La ciudad más allá del muro,* de Elie Wiesel:

[9] Paul Ricoeur, *The Symbolism of Evil* (Boston 1967).

«Un día el hombre habló a Dios de esta manera:

—Cambiemos los papeles. Tú vas a ser hombre y yo seré Dios. Sólo durante un segundo.

Dios sonrió benévolamente y le preguntó:

—¿No te da miedo?

—No, ¿y a ti?

—A mí, sí —dijo Dios.

Sin embargo, Dios accedió al deseo del hombre. Se hizo hombre, y el hombre ocupó su lugar e inmediatamente se aprovechó de su omnipotencia: se negó a retornar a su estado anterior. Así fue como ninguno de los dos, ni Dios ni el hombre, volvieron a ser lo que parecían.

Pasaron los años, quizá eternidades. Y de repente el drama se reavivó. El pasado para uno y el presente para el otro les resultaban excesivamente duros.

Como la liberación de uno estaba vinculada a la liberación del otro, renovaron el antiguo diálogo, cuyos ecos llegan hasta nosotros en la noche, cargada de odio, remordimiento y, sobre todo, de añoranza infinita» [10].

En este significativo pasaje podemos descubrir una convicción central de la tradición, simultáneamente recuperada y transformada al ser reformulada.

3) Considerar los escritos sobre el Holocausto como un género nos sitúa ante el mismo dilema que afrontaron los autores de esa literatura, cuando descubrieron que resultaba tan imposible escribir como no escribir: limitarse a clasificar los textos en categorías *como literatura* supone correr el riesgo de domesticar la experiencia originaria. Sea lo que fuere de nuestras razones teóricas para reconstruir la noción de género más allá del acto de categorización, la literatura sobre el Holocausto exige por principio que lo hagamos.

Incluso antes de que culminemos esa tarea, la literatura sobre el Holocausto, concebida como género, sugiere que la lectura de esos textos tiene unos efectos de largo alcance, especialmente por el tratamiento que da a la muerte humana. Si bien la mortalidad es un destino común de todos los hombres, la del individuo («mi» muerte) es fenomenológicamente un acontecimiento único. Esta concepción, que hemos aprendido de Heidegger, es la que experimentamos en la literatura del Holocausto, en cuanto que representa a unos individuos y a un pueblo *in extremis*. Heidegger, sin embargo, acentuaba la profundidad del «ser para la muerte» del ser humano. La literatura sobre el Holocausto representa, por el contrario, un mundo en el que la muerte aparece como

[10] Wiesel, 179.

algo de poco valor. Por medio de imágenes de degradación, el lector de este tipo de literatura se ve obligado a ampliar la lista de las posibles clases de muerte y a abandonar cualquier certeza ingenua sobre las formas de muerte humana.

Todas las grandes religiones, sin excepción, se enfrentan con serios problemas internos y externos. Su aceptación acrítica del patriarcalismo, su literalismo de manera especial en lo tocante a las circunstancias de sus orígenes, su olvido de las injusticias que ellas mismas cometieron contra sus propios miembros: todas estas cegueras las hacen particularmente susceptibles a la tentación de considerarse inmortales. La literatura sobre el Holocausto, considerada como género, constituye una buena prueba de que una de las grandes tradiciones religiosas se ha encontrado cara a cara con algunos de estos problemas y con su propia mortalidad. Esto proporciona un correctivo a nuestro modo de ver las cosas.

M. GERHART

[Traducción: J. J. DEL MORAL]

LA INTERRUPCION DEL HOLOCAUSTO, RETORNO CRISTIANO A LA HISTORIA

I. DE LA CONCIENCIA HISTORICA A LA HISTORIA

En la época moderna, los elementos que más han contribuido a las nuevas corrientes de teología cristiana (liberalismo y modernismo) han sido dos acontecimientos de tipo tanto intelectual como histórico: la Ilustración del siglo XVIII y el despertar de la conciencia histórica en el siglo XIX. Estos acontecimientos eran claramente históricos en el sentido usual de que dieron lugar a nuevos grupos de poder, nuevas instituciones y nuevas luchas concretas. Sin embargo, ambos se prestaban más fácilmente que los acontecimientos históricos del siglo XX a una serie de cuestiones teológicas de índole intelectual e incluso «académica». Quizá el carácter ahistórico que inexplicablemente muchos intelectuales atribuían a estos acontecimientos llevó a la teología cristiana en aquel período liberal a orientarse menos a la historia concreta que a la relativamente ahistórica crisis de las afirmaciones teóricas en la concepción de lo cristiano (especialmente la crisis de las afirmaciones históricas producida por las críticas de la Ilustración y el despertar de la conciencia histórica). El hecho de que en los dos últimos siglos la mayor atención teológica se haya centrado en la «revelación» es un símbolo que ilustra sin lugar a dudas la categoría del cambio que entonces tuvo lugar.

Como observaron algunos teólogos de la época como Søren Kierkegaard, el cristianismo corría el peligro de convertirse casi exclusivamente en una religión de la «revelación» teórica, de modo que su función primaria como religión de la salvación concreta de los hombres podía parecer relegada. Este problema del distanciamiento liberal de la historia concreta estaba compensado por el hecho de que el optimismo liberal por el conocimiento conceptual (en definitiva, por la revelación) impulsaba teologías de la salvación que funcionaban ampliamente como teologías del triunfo de la reconciliación intelectual. Pero pronto apareció una trágica ironía: el reciente descubrimiento de la conciencia histórica y el consiguiente malestar teológico ante la crisis de las reivindicaciones «cognitivas» incitaban a la teología a distanciarse de la historia en cuanto tal. Fue el optimismo dialéctico de Hegel y no su observación de que la historia era un campo de exterminio lo que prevaleció en el mundo liberal. Las ventajas del método histórico-crítico y las teologías liberales y modernistas a que tales ventajas dieron lugar estaban a la vista de todos. Sin embargo, la pérdida de la historia concreta, paradójicamente encubierta por la «conciencia histórica», tuvo un alcance que sólo ahora comenzamos a valorar.

Es cierto que la teología neoortodoxa, en su calidad de movimiento crítico dentro de la tradición liberal, corrigió a los liberales en varios puntos decisivos. En particular, el redescubrimiento realizado por Karl Barth del «extraño nuevo mundo de la Biblia» sólo actualmente puede ser reconocido como lo que realmente era: un redescubrimiento hermenéutico de que toda interpretación teológica debe realizarse de acuerdo con su sujeto, es decir, con ese extraño nuevo mundo del acontecimiento de Cristo del que debe dar testimonio toda teología y hasta la misma Escritura. Como es sabido, este redescubrimiento teológico fue ocasionado por el devastador impacto que la primera guerra mundial produjo en el primitivo optimismo liberal y en su confianza en las fuerzas humanas.

Tenemos que mencionar todavía las enseñanzas de la neoortodoxia: el reconocimiento de una *historicidad* radical que trasciende el optimismo liberal de la conciencia histórica; el reconocimiento de que el sujeto del acontecimiento escatológio debe imponerse en toda teología; el reconocimiento de que este sujeto obliga a redescubrir la necesidad de una crítica objetiva dentro de la misma Escritura. El aspecto más consistente del programa desmitologizador de Bultmann no era su preocupación por los dilemas cognitivos que la modernidad planteaba a la concepción de lo cristiano (esta preocupación ya estaba presente en los liberales y modernistas). Su aportación más significativa fue su insistencia en que el acontecimiento escatológico, del que da testimonio la Escritura, obliga a una radical desmitologización tanto dentro de la misma Escritura como, sobre todo, de las interpretaciones posteriores de la misma. Lo que acabamos de decir debe ser valorado críticamente en su auténtico sentido.

Incluso los aspectos más significativamente neoortodoxos se han revelado incapaces de acercar la teología cristiana a la historia concreta. Por el contrario, el verticalismo de la interpretación neoortodoxa del acontecimiento escatológico originó una teología cada vez más privatista y alejada del campo de exterminio de la historia. No menos que los liberales, los neoortodoxos se acercaban a la historia de un modo ateológico. Mientras que, paradójicamente, el descubrimiento de la conciencia histórica impulsó a los liberales a entrar en la historia, la historicidad radical y el redescubrimiento hermenéutico del carácter absolutamente trascendente del acontecimiento escatológico impidieron a los neoortodoxos entrar en la historia, incluso en lo concerniente a la cuestión judía en la Alemania nazi.

Karl Barth afirmaba con toda claridad en 1966: «No podemos olvidar, en definitiva, que a este respecto el único problema realmente central es el ecuménico: el de nuestras relaciones con el judaísmo. Aunque desde una perspectiva teológica cristiana no se pueda negar profundidad a esta afirmación, queda sin responder qué puede significar esto si no se concede ninguna importancia teológica a un acontecimiento histórico tan sobrecogedor como el Holocausto.

¿Qué puede significar esto cuando nuestra historia se enfrenta con tal interrupción? ¿Qué puede significar esto lo mismo para los teólogos liberales humanistas que para los neoortodoxos cristianos cuando la historia a la que no conceden ninguna importancia teológica estalla en un horror como el del Holocausto? ¿No debe existir una crítica objetiva aquí y únicamente aquí? ¿Es la cuestión del judaísmo, a la que se califica de *la* cuestión ecuménica, una cuestión que permite divorciarse del destino real que autoriza al pensamiento judío, al pueblo judío?

Los teólogos cristianos de la época moderna se han enfrentado honestamente con la conciencia histórica y con la historicidad a propósito de los cambiantes sucesos de los siglos XVIII y XIX. Han desarrollado una hermenéutica teológica en la que el acontecimiento mismo se ha convertido de nuevo en el sujeto de la hermenéutica teológica. Han reconocido la crítica objetiva exigida por el acontecimiento escatológico. Pero raramente han prestado atención a la historia concreta en la que acontecen sucesos como el Holocausto.

Sin embargo, en la teología cristiana contemporánea existen excepciones importantes a cuanto acabamos de decir: las teologías políticas, feministas y de la liberación. En estas teologías, más allá de sus exigencias desprivatizadoras, más allá de su insistencia en la prioridad de la praxis sobre la teoría, más allá de su recuperación de la gran sospecha oculta en los símbolos escatológicos, ya casi olvidados e incluso reprimidos, se encuentra su monótono y constante estribillo: la teología cristiana debe abandonar tanto la conciencia histórica liberal como la historicidad hermenéutica neoortodoxa y asumir teológicamente la historia concreta del sufrimiento y la opresión. Estas teologías no entienden por historia ciertas teorías de la historiografía ni las filosofías de la historia y tampoco esa trascendencia vertical en la que la historia es una simple tangente, un accidente teológico. Por historia entienden la historia, es decir, las luchas concretas de grupos, personas, víctimas, que han sido marginados por la historia de los vencedores. Ellas consideran que hoy la cuestión teológica central no es la de los no creyentes, sino la de los no hombres: esos olvidados, vivos y muertos, cuya lucha y memoria *hacen* nuestra historia.

El mérito de estos teólogos feministas, de la liberación y políticos es que su vuelta a la historia de quienes han sido relegados a la condición de no personas, no grupos, no historia, por el aparato oficial, incluido el teológico, ha sido capaz de dar vigencia a estas nuevas teologías. Ellas recuperan, a través de la sospecha, ciertos aspectos del Nuevo Testamento que habían sido reprimidos, como las duras negaciones de la apocalíptica, tan incómodas para los liberales como innecesarias para las escatologías neoortodoxas.

El centro de estas teologías es la recuperación del sentido de la historia como interrupción, ruptura, corte, discontinuidad apocalíptica, la recuperación de la liberación por encima de fáciles promesas de reconciliación, la recuperación del pecado en el sistema social por encima del pecado individual, la recuperación de la praxis concreta del discipulado. Suponiendo todo esto, lo más urgente para la teología actual es afrontar la interrupción del Holocausto. ¿Cómo podríamos insistir en la necesidad de un retorno de la teología cristiana a la historia concreta sin afrontar esto? Y si los teólogos cristianos afrontan esta interrupción histórica, ¿podríamos cada uno de nosotros seguir tomando a la ligera el tema del «cumplimiento», que corre constantemente el peligro de convertirse en un tema de superconformismo? ¿Podríamos seguir tomando a la ligera la ausencia de angustia teológica ante Mt 25 o la utilización de los «judíos» en el Evangelio de Juan, así como el uso que se suele hacer de la oposición tradicional ley-evangelio?

Si la teología cristiana entra en la historia, entonces la interrupción del Holocausto aparecerá seguramente como la revelación escalofriante de la historia real en la que estábamos viendo. Teológicamente hablando, podemos decir que la teología cristiana no podrá volver plenamente a la historia mientras no afronte el Holocausto. No podrá afrontar la interrupción en la historia sin afrontar al mismo tiempo los efectos antisemitas de la propia historia cristiana. No podrá afrontar la interrupción sin asumir que la vuelta a la historia debe realizarse a través de la negatividad radical descubierta en ese acontecimiento. Toda reivindicación de los temas formal y autoritariamente reprimidos, que exigen un cambio teológico, debe conducir a esa crítica objetiva y radical inherente al acontecimiento escatológico. Toda hermenéutica de recuperación de la teología cristiana debe incluir una radical hermenéutica de la sospecha con respecto a toda la historia cristiana.

II. LA HISTORIA ES CONCRETA

En sus «Notas para hallar la verdadera cuestión», la escritora judía Cynthia Ozick nos urge a aceptar tres premisas necesarias para hablar del Holocausto, es decir, del «cataclismo europeo»: la primera es que no existen acontecimientos análogos; la segunda, que no es una metáfora o un «como...»; la tercera, que es algo que no puede ser «utilizado», sino únicamente «comprendido». Puede generar «lecciones» que es preciso aprender o «legados» que hay que asumir, pero no puede ser utilizado en una argumentación partidista o en un debate polémico.

El legado y la lección que Cynthia expresa en su lenguaje melancólico es el de «haber perdido tanto y a tantos». Lo que se perdió en el cataclismo no fue solamente el pasado judío, sino también su futuro. «Jamás podremos leer las novelas que Ana Frank no tuvo tiempo de escribir. No solamente se cortó en su plenitud la inteligencia de un pueblo, sino también su tesoro potencial» (S. Heschel, ed., *On Being a Jewish Feminist. A Reader,* Nueva York 1983, 120-151, espec. 134).

Para comprender las dimensiones del destino judío y también las de nuestro propio destino es necesario comprender y situar concretamente la esencia del nazismo, causa de tan incomprensibles sufrimientos y de tanta deshumanización. La deshumanización y los sufrimientos del Holocausto no pueden convertirse en una metáfora teológica de todos los sufrimientos humanos, sino que deben ser situados en su concreción política. El núcleo ideológico del fascismo nacionalsocialista era el racismo, y su reclamo ideológico la palabra «Untermensch»: los seres menos que humanos, los infrahumanos.

La pureza genética de la raza aria exigía la eliminación de quienes podían ocasionar su degradación biológica. Los valores germanos *(Volkskörper),* la sangre germana y el honor germano no sólo exigían el exterminio de las razas «subhumanas» (judíos, gitanos, europeos orientales o «negroides»), sino también la esterilización y eliminación de las mujeres germanas degeneradas y asociales (madres solteras, prostitutas, homosexuales, mujeres que mantenían relaciones con hombres de otras razas). La combinación nacionalsocialista de racismo y sexismo imponía además un extricto control sexual de las mujeres de pura sangre aria, utilizadas como «reproductoras» de la raza superior. (No se aplicaba la misma medida a los hombres germanos, que podían abusar de las mujeres de las razas inferiores). Las auténticas mujeres germanas tenían que ser «sirvientas y siervas», mientras que la democracia de los sexos era tachada de «judía» y «comunista» (cf. documentación en *Frauen unterm Hakenkreuz,* Berlín, Elephanten Press, 1983).

Esta combinación de racismo, sexismo y biologismo demuestra que la ideología nacionalsocialista era una forma exacerbada del capitalismo patriarcal de Occidente, cuya formulación clásica se halla ya en la filosofía de Aristóteles, transmitida históricamente a través de la teología cristiana. Para justificar el que tanto las mujeres libres como las esclavas estuvieran privadas de la plena ciudadanía, Aristóteles utiliza el argumento de que su «naturaleza» es inferior y diferente de la de los hombres libres. A causa de su naturaleza «subhumana», las mujeres deben ser mantenidas en estado de obediencia y sumisión, si se quiere conservar incólume el orden y bienestar del Estado.

De modo semejante, la teología cristiana ha legitimado la condición diferente y, en definitiva, el *status* inferior de las mujeres (hasta el siglo pasado), de los esclavos y de los pueblos llamados «primitivos». Desde la Ilustración, la sociedad burguesa occidental llegó a desarrollar una ideología que justifica las injusticias del colonialismo y del imperialismo con motivos antropológicos. Investigaciones genéticas, enseñanzas filosóficas, doctrinas teológicas coadyuvaban a mantener que el varón europeo representa el más alto grado del desarrollo humano (cf. W. Lepenius, *Soziologische Anthropologie,* Munich 1971, p. 73). El antagonismo religioso y la legitimación biológico-teológica de la «subhumanidad» de otras razas y de las mujeres en el capitalismo patriarcal fueron causas conjuntas del cataclismo europeo.

Después de describir e interpretar las fuerzas de deshumanización que dieron lugar a los indecibles sufrimientos del Holocausto, debemos resumir sus lecciones y articular su legado concreto. La teología bíblica cristiana debe reconocer que su interpretación antijudía del Nuevo Testamento se da la mano con su gradual adaptación a la sociedad patriarcal grecorromana. Tanto la teología cristiana como la judía deben cesar de proclamar un Dios hecho a imagen y semejanza del hombre. Sólo podrán hacerlo si son capaces de lamentar la ausencia de colaboración de las mujeres en este campo y rechazan la actual deshumanización de la teología. Además, la teología cristiana blanca y la teología judía deben promover la plena humanización de todos los pueblos no occidentales y, al mismo tiempo, luchar contra toda clase de racismo. En definitiva, la memoria del Holocausto debe «interrumpir» toda forma de teología patriarcal para que no caiga en el vacío el legado de los muertos.

E. SCHÜSSLER FIORENZA
D. TRACY

[Traducción: G. CANAL]

COLABORADORES DE ESTE NUMERO

SUSAN SHAPIRO

Es doctora en filosofía por la Universidad de Chicago. Actualmente trabaja en el Departamento de Religión de la Universidad de Siracusa (EE. UU.), donde se ocupa principalmente de filosofía y teología judía, hermenéutica, teoría crítica y crítica literaria. Ha publicado varios artículos sobre literatura y religión. Está preparando un libro sobre teología y hermenéutica judía en la época posterior al Holocausto.

(Dirección: Syracuse University, Dept. of Religious Studies, Syracuse, N. Y., Estados Unidos).

ARTHUR COHEN

Es teólogo, crítico de la cultura y novelista. Su obra incluye estudios teológicos como *The Natural and the Supernatural Jew, The Myth of the Judeo-Christian Tradition* y, recientemente, *The Tremendum: A Theological Interpretation of the Holocaust.* Entre sus novelas figuran *In the Days of Simon Stern, A Hero in His Time, Acts of Theft* y *An Admirable Woman.* Reside en Nueva York y colabora frecuentemente en varios diarios y revistas.

REBECCA CHOPP

Enseña en la Facultad de Teología de la Universidad de Chicago. Es doctora en filosofía por la Universidad de Chicago y licenciada en teología por Saint Paul School of Theology. Trabaja en el campo de la teología actual con especial atención a las nuevas formas de pensamiento sistemático.

(Dirección: University of Chicago, Divinity School, 1025 East 58th Street, Chicago, Ill. 60637, EE. UU.).

JOHANNES BAPTIST METZ

Nació en 1928 en Welluck bei Auerbach (Alemania) y fue ordenado sacerdote en 1954. Estudió en las Universidades de Innsbruck y Munich. Es doctor en filosofía y teología. Desempeña la cátedra de teología fundamental en la Universidad de Münster. Entre sus publicaciones destacan *Antropocentrismo cristiano* (Salamanca 1972), *Kirche im Prozess der Aufklärung* (1970), *La fe, en la historia y la sociedad* (Ed. Cristiandad, Madrid 1979), *Die Theologie in der interdisziplinären Forschung* (1971), *Ilustración y teoría teológica* (Salamanca 1973), *Las órdenes religiosas* (Barcelona 1978), *Unterbrechungen* (1981), *Más allá de la religión burguesa* (Salamanca 1982).

(Dirección: Kapitelstrasse 14, D-44 Münster, Alemania Occidental).

GREGORY BAUM

Nació en 1923 en Berlín. Desde 1940 reside en Canadá. Estudió en las Universidades de Hamilton (Canadá), del estado de Ohio y de Friburgo (Suiza). Es licenciado en letras y doctor en teología. Enseña teología y sociología en el St. Michael's College de la Universidad de Toronto y es director de «The Ecumenist». Entre sus publicaciones figuran *Man Becoming* (1970; trad. española: *El hombre como posibilidad,* Ed. Cristiandad, Madrid 1974), *New Horizon* (1972), *Religion and Alienation* (1975), *The Social Imperative* (1978), *Catholics and Canadian Socialism* (1980).

(Dirección: St. Michael's College, 81 St. Mary Street, Toronto, Ont. M5S 1J4, Canadá).

JOHN PAWLIKOWSKI OSM

Es profesor de teología en el Catholic Theological Union, Chicago, Ill. (Estados Unidos). Ha publicado varios libros sobre el diálogo judeocristiano, el más reciente de los cuales es *Christ in the Light of the Christian-Jewish Dialogue.*

(Dirección: Catholic Theological Union, Chicago Cluster of Theological Schools, 5401 South Cornell Ave., Chicago, Ill. 60605, EE. UU.).

LUISE SCHOTTROFF

Nació el 11 de abril de 1934 en Berlín. Estudió teología protestante en las Universidades de Berlín, Bonn, Gotinga y Maguncia. Obtuvo el doctorado en 1960 y la habilitación en 1969. Es profesora de Nuevo Testamento en Maguncia. Está casada y tiene un hijo. Entre sus publicaciones destacamos *Der Glaubende und die feindliche Welt. Beobachtungen zum gnostischen Dualismus und seiner Bedeutung für Paulus und das Johannesevangelium* (Neukirchen 1970), *Jesús de Nazaret, esperanza de los pobres* (Salamanca 1981), *Der Sieg des Lebens. Biblische Traditionen einer Friedenspraxis* (Munich 1982), *«Mein Reich ist nicht von dieser Welt». Der johanneische Messianismus,* en J. Taubes (ed.), *Gnosis und Politik* (Paderborn 1984).

(Dirección: Platanenstrasse 21, D-6500 Mainz 42, Alemania Occidental).

LEONORE SIEGELE-WENSCHKEWITZ

Nació en 1944 en Belgard/Pommern. Estudió musicología, latín y teología protestante en Gotinga y Tubinga. Desde 1983 es directora de estudios y párroco en la Academia Evangélica de Arnoldshain. Entre sus publicaciones podemos mencionar *Nationalsozialismus und Kirchen, Religionspolitik von Partei und Staat bis 1935* (Düsseldorf 1974), así como numerosos artículos sobre historia de las Iglesias, sobre las facultades teológicas y antijudaísmo y semitismo en la Alemania nacionalsocialista.

(Dirección: Evangelische Akademie, D-63848 Schittendash-Bonn, Arnoldsnain, Alemania Occidental).

MARY KNUTSEN

Se dedica principalmente a la teología cristiana actual. Sus trabajos se refieren a teoría hermenéutica, crítica de las ideologías y teoría feminista. Actualmente reside en Houston (Texas) y enseña en la St. John's University (Collegeville, Minnesota).

MARY GERHART

Licenciada en filosofía y letras (literatura) y doctora en teología, es profesora de estudios religiosos en Geneva (Nueva York). Entre sus publicaciones figuran *The Question of Belief in Literary Criticism. An Introduction to the Hermeneutical Theory of Paul Ricoeur* (1978) y *Metaphoric Process. The Creation of Scientific and Religious Understanding* (en colaboración, 1984), así como varios artículos. Es jefe de redacción de «Religious Studies Review» y lleva una sección de crítica de libros en «Commonweal».

(Dirección: Hobart and William Smith Colleges, Dept. of Religious Studies, Geneva, N. Y., EE. UU.).

ELISABETH SCHÜSSLER FIORENZA

Posee la licenciatura en teología pastoral y el doctorado en estudios neotestamentarios. Actualmente es profesora de teología neotestamentaria en la Universidad de Notre Dame (Indiana, EE. UU.). Ha publicado numerosos libros y artículos sobre Nuevo Testamento y teología feminista. Trabaja en el movimiento de liberación de la mujer en la Iglesia y en la Universidad y ha colaborado en los grupos denominados «Mujeres en la Iglesia», «Mujeres en la Biblia» y «Mujeres en la Teología». Ha sido miembro de la comisión central de la Conferencia para la ordenación de mujeres y, junto con Judith Plaskow, es fundadora de «Journal of Feminist Studies in Religion». Su última obra se titula *In Memory of Her. A feminist Theological Reconstruction of Christian Origins* (Nueva York).

(Dirección: University of Notre Dame, Dept. of Theology, Notre Dame, In. 46556, EE. UU.).

DAVID TRACY

Nació en 1939 en Yonkers, Nueva York. Es sacerdote de la diócesis de Bridgeport (Connecticut). Doctor en teología por la Universidad Gregoriana de Roma, ocupa la cátedra de teología filosófica en la Facultad de Teología de la Universidad de Chicago. Ha publicado, entre otras obras, *The Achievement of Bernard Lonergan* (1970), *Blessed Rage for Order: New Pluralism in Theology* (1975) y *The Analogical Imagination* (1980). Colabora en varias revistas y es director de «Journal of Religion» y «Religious Studies Review».

(Dirección: University of Chicago, Divinity School, 1025 East 58th Street, Chicago, Ill. 60637, EE. UU.).

L. ALONSO SCHÖKEL/J. VÍLCHEZ LÍNDEZ

PROVERBIOS

Comentario teológico y literario

606 págs. Enc. en tela: 2.500 ptas.

Es éste el tomo I de los Sapienciales, aunque aparece cronológicamente después de Job, que es el segundo. Por eso se abre con una primera parte sobre «el mundo sapiencial», integrado por dos estudios: su investigación en los últimos cien años y una exhaustiva bibliografía actual y un admirable ensayo sobre la literatura sapiencial en la que Alonso Schökel trata de definir ese mundo, que es «un cuerpo literario, un talante, un método y varios estilos». «Una oferta de sensatez» es el título de este ensayo, y sólo él justificaría este grueso volumen por su belleza y rebosante doctrina.

La segunda y más amplia parte la llena por entero el comentario a Proverbios, hecho, como en los tomos anteriores, por unidades lingüísticas o temáticas, que en este libro pueden ser de un capítulo o de un doble verso. Primero el análisis filológico de palabras o estructuras y luego la explicación del sentido, que se ilustra aquí con refranes paralelos castellanos. En este planteamiento lingüístico-hermenéutico radica la importancia de este comentario. No es posible hablar de teología si antes no se conoce realmente qué dice un texto.

Tal es el contenido del tomo, francamente único, al igual que el de Job, en los estudios bíblicos actuales. No se sabe qué preferir en ellos: la prodigiosa traducción, sin nada similar en otro idioma moderno, el riguroso análisis lingüístico o la riqueza de doctrina bíblica —*sabiduría,* diríamos en este caso—. No dudamos en calificar estos dos estudios sobre Job y Proverbios como los mejores de nuestro tiempo.

EDICIONES CRISTIANDAD

J. M. BERNAL, OP

INICIACION AL AÑO LITURGICO

318 págs. (Academia Christiana, 24). 1.000 ptas.

J. M. Bernal es dominico, profesor de la Facultad de Teología de Valencia y presidente de la Asociación Española de Profesores de Liturgia. Este libro, que enriquece desde hoy la serie «Academia Christiana», pertenece, por tanto, a su trayectoria cultural. Es liturgista, y en él nos habla del núcleo de la liturgia, del acontecimiento en torno al cual gira todo el culto cristiano. Le ha preocupado el tema pascual desde sus años de estudiante. A él dedicó su tesis doctoral y luego otro de sus libros siendo profesor de la materia en la Universidad de Santo Tomás, de Roma: *La celebrazione del mistero pasquale nei primi cinque secoli* (Roma 1972).

Esta «Iniciación» la juzgamos única en estos momentos, en español desde luego, pero hasta en cualquier otro de los idiomas europeos. Desea ofrecer una visión global y coherente de la estructura de lo que llamamos «año litúrgico», de sus ciclos y fiestas, que, al igual que el año solar en el cosmos natural, envuelve, regula y fecunda todo el vivir cristiano. ¿Cómo nació, cómo se desarrolló a través de los años, a qué obedecen sus diversos ciclos? Tal es el tema de este sabroso libro, en el que se entrelaza permanentemente la historia con la reflexión teológica y pastoral.

Holocaust as interruption.
Spanish.

El Holocausto jud´io, reto
para la teologi´a cristiana

DATE DUE
